© 2023 Nadia Aoi-Ydi
Édition : BoD - Books on Demand, info@bod.fr
Impression : BoD - Books on Demand, In de Tarpen 42,
Norderstedt (Allemagne)
Impression à la demande
ISBN : 978-2-3224-8121-7
Dépôt légal : Septembre 2023

Autrice : Nadia AOI-YDI

Dans le cœur de mon père

www.nadia-aoiydi.com

« Le Code de la propriété intellectuelle et artistique n'autorisant, aux termes des alinéas 2 et 3 de l'article L.122-5, d'une part, que les « copies ou reproductions strictement réservées à l'usage privé du copiste et non destinées à une utilisation collective » et, d'autre part, que les analyses et les courtes citations dans un but d'exemple et d'illustration, « toute représentation ou reproduction intégrale, ou partielle, faite sans le consentement de l'auteur ou de ses ayants droit ou ayants cause, est illicite » (alinéa 1er de l'article L. 122-4). Cette représentation ou reproduction, par quelque procédé que ce soit, constituerait donc une contrefaçon sanctionnée par les articles 425 et suivants du Code pénal. »

Table des matières

Dans le quartier de Ait Youssef..........9
L'immigré des années 70..........31
Devenu Marocain résidant à l'étranger..........51
Son cocon familial..........63
Nos départs au bled..........77
Le 9.3..........121
Mon papa d'amour..........171
Sa force..........185
Une transmission précieuse..........193
Ses projets personnels..........199
Valeurs ancrées..........211
Une vie simple..........217
Merci, Papa..........221
Remerciements..........225

« *Papa, je te jure qu'un jour, j'écrirai un livre sur toi pour que le monde entier sache qui est mon formidable père.* »

Ta fille

Dans le quartier de Ait Youssef

— Tu lis quoi ?
J'étais assise dans le salon, j'avais quinze ans, et mon père me posa cette question en me voyant lire.
— Un livre sur le corps humain. J'aimerais devenir médecin, comme ça je pourrai te soigner si tu es malade et aussi t'offrir une belle voiture très chère.
Il se mit à rire et me rétorqua :
— C'est bien d'avoir des rêves ! Tu peux les réaliser, crois-moi ! Mais garde toujours en tête qu'il n'y a pas mieux que la simplicité dans la vie. Je n'ai pas besoin de voiture chère, ma fille. Te voir sourire me rend suffisamment heureux.

*

Le 2 mars 1952, un garçon aux yeux marron-vert et au teint très clair est né. Il devint un homme attachant par son histoire et admirable par ses valeurs. Cet homme se prénomme Ahmed. C'est mon père. Je l'appelle Baba (papa) ou parfois Baba ino (mon papa à moi).

Il est né dans le nord-est du Maroc, à Tafersit, une commune rurale située dans la région du Rif oriental, à environ quatre-vingts kilomètres de la plus grande ville de la zone, Nador. Tafersit est divisée en plusieurs quartiers, dont celui de Ait Youssef, où règnent encore une nature sauvage et une belle authenticité. Les paysages y sont magnifiques. En prenant les routes sinueuses, on peut observer des montagnes imposantes et la beauté des plaines qui nous entourent et nous apaisent avec leur mélange de couleurs naturelles de pierres et de verdure.

Au bord des routes, des cactus remplis de figues de barbarie sont parfois utilisés comme clôtures agricoles ou autour des maisons. Cela ajoute du charme aux paysages. On aperçoit aussi beaucoup de figuiers, chaque famille en possède. En période estivale, les figues ont une chair rouge, sucrée et savoureuse, mon père les aime particulièrement. Lorsqu'il se retrouvait avec ses amis sous un figuier pour se protéger du soleil et de la chaleur, il ne résistait pas à l'envie d'en cueillir quelques-unes.

L'arbre le plus répandu et le plus emblématique reste l'olivier. Mes grands-parents en avaient et les utilisaient pour en extraire de l'huile d'olive, produit alimentaire de base chez les habitants et principale source de revenus pour les familles qui en vendent.

La cueillette se fait en fin d'année, souvent dans la joie. C'est une période très attendue durant laquelle les femmes aiment se retrouver pour procéder à la cueillette avant que les olives soient apportées au pressoir pour en faire de l'huile. Une partie des olives récoltées et destinées à la consommation sont plongées dans un seau d'eau salée agrémentée de quelques morceaux de citron, puis laissées là pendant des mois avant de pouvoir les consommer. Pour ce moment de dégustation, les olives sont souvent accompagnées d'un délicieux pain chaud préparé par les femmes et cuit dans le tafkount, un four ancien en pierre. Les femmes participent autant que les hommes à la vie agricole.

Les Rifains sont des gens braves et honnêtes, réputés pour être conservateurs. Ils sont très attachés à leur culture. C'est le tmazight qui est parlé à la maison, un dialecte que mes parents m'ont transmis, proche de celui utilisé en Kabylie. Nous avons d'ailleurs des mots similaires : Awéd aghroum (Donne-moi du pain), Awéd Aman (Donne-moi de l'eau), Nighess (Je lui ai dit).

D'autres mots viennent de l'espagnol, puisque le Rif était sous protectorat espagnol entre 1912 et 1956. En voici des exemples : falda (jupe), cama (lit).

Ce dialecte n'était pas enseigné à l'école. L'arabe marocain, la darija, est la langue parlée au Maroc. Pour pouvoir créer du lien avec ses concitoyens, il était donc indispensable de le parler, car personne ne s'exprimait en tmazight en dehors du Rif.

Le Rif a une culture musicale bien à lui. Izran est un chant poétique exprimant des émotions profondes telles que l'amour, la joie ou la tristesse, que l'on entend souvent lors des célébrations et des fêtes comme les mariages. Il est généralement accompagné du adjoun, un instrument à percussion aussi connu sous le nom de bendir. Deux rangées de femmes se forment face à face. Chaque rangée se met à chanter en chœur, à tour de rôle et de manière improvisée la plupart du temps. Toutes doivent faire preuve d'imagination et de rapidité en se concertant avant de se donner la réplique. J'étais souvent émue quand j'entendais mes tantes maternelles chanter ces histoires touchantes, en particulier celles qui racontaient l'histoire déchirante d'une mère disparue trop tôt.

Une danse que mon père aimait particulièrement, la Reggada, est un autre genre musical, plus moderne, et une danse traditionnelle qui tire son origine d'une danse guerrière avec les épaules, appelée imdyazen. Chaque danseur, vêtu de sa djellaba, tient un bâton et tape des pieds au rythme de la musique pour affirmer l'appartenance à son territoire. En parfaite illustration de sa double culture, mon père avait une version bien à lui pendant les mariages auxquels il assistait : un mélange entre cette danse traditionnelle et la danse des canards, avec ces battements d'ailes en plus des mouvements d'épaules… C'était toujours très drôle à voir !

Hormis les terres agricoles des villageois et les vastes oliveraies, qui offrent un sentiment de plénitude, il n'y avait rien d'autre aux alentours de ce village. Ah, si ! Deux moulins à farine, dont un que possédaient mon grand-père et ses frères, c'est tout.

Mon grand-père s'appelait Mohamed, c'était un homme grand, au regard perçant, avec d'immenses yeux verts, et les cheveux rasés. Il marchait avec les jambes légèrement arquées. Il portait souvent, fièrement, une djellaba par-dessus son sarouel et des babouches jaunes, en cuir. Il avait tout de même un costume avec une belle cravate, qu'il gardait pour ses rencontres importantes. Il aimait discuter, partager sa vision de la vie, ses principes et les valeurs qui lui tenaient à cœur. Ce qu'il voulait transmettre à ses enfants, c'était la droiture, essentielle pour lui, ainsi que la loyauté et l'honnêteté. Il était à la fois autoritaire et bienveillant à l'égard de ses enfants. Il a été confronté à la perte de son père durant son adolescence et a souhaité que mon père porte son prénom.

Il n'y avait pas d'école à proximité, alors mon père devait se rendre dans un village plus éloigné. Il n'y avait pas d'infrastructures non plus, les routes étaient cailloutreuses, et l'accès à la scolarité difficile. Il marchait au moins une heure le matin pour aller à l'école, puis le midi pour revenir déjeuner, pour ensuite y retourner pour l'après-midi, et enfin rentrer le soir. Encouragé par son père, il devait faire preuve de bravoure pour s'y rendre et apprendre.

Le réveil pour aller à l'école était donc bien matinal pour lui. Qu'il pleuve, qu'il neige ou qu'il fasse une chaleur intense, il devait faire preuve de courage. Il commençait par prendre un petit déjeuner, indispensable pour être en forme et avoir l'énergie nécessaire pour tenir toute la matinée. Un café noir dès le plus jeune âge et un bout de pain, que ma grand-mère avait soigneusement fait griller à la poêle, et qu'il trempait dans une assiette d'huile d'olive. Il se rendait à l'école accompagné par d'autres écoliers, qu'il allait récupérer sur le chemin. Parfois, certains n'étaient pas prêts, alors leur mère insistait pour qu'ils les rejoignent à table. Lorsqu'elles préparaient le petit déjeuner à leurs enfants, ces mamans en faisaient toujours plus en pensant à ces écoliers qui passeraient au moment où ils seraient encore en train de déjeuner. La générosité et le partage sont omniprésents dans le Rif. Le groupe de copains s'entendait bien, ils se sentaient plus en sécurité ensemble, car le trajet était long et parfois dangereux, surtout quand la nuit tombait. Mon père marchait d'un pas d'enfant, puis d'adolescent, toujours au rythme de son groupe d'écoliers, devenus ses copains au fil des années.

Le prénom d'Allal revient souvent lorsque mon père évoque ses copains d'enfance : «Allal, c'était plus qu'une amitié, c'était un frère !» Ils avaient tissé une amitié forte, un lien particulier. Ils ne passaient pas une journée sans se voir. Allal a également immigré dans le sud de la France. Il a eu l'opportunité de venir travailler dans les vignes et s'est installé plus précisément dans le Médoc, cette magnifique région naturelle située dans le département de la Gironde.

La dernière fois qu'ils se sont vus, c'était il y a quelques mois, au Maroc. Ils étaient invités par un habitant de Ait Youssef à partager un repas. Ils n'ont cessé de se rappeler les bons souvenirs, les moments vécus ensemble. «Juste être ensemble, ça suffisait» m'a confié mon père avant d'ajouter en souriant : «Ça va, on ne faisait pas trop de bêtises.» Il ne m'en a pas dit plus, mais j'ai senti derrière son sourire qu'il y avait des choses qu'il ne voulait pas me livrer.

L'été, mon père était vêtu d'un pantalon et d'un tee-shirt, son cartable à la main. L'hiver, il portait en plus un pull, une veste et des bottes pour se protéger du froid. Plus le temps passait et plus marcher avec ces bottes, qu'il enfilait sans chaussettes, car il n'en avait pas, devenait facile pour lui. Il n'a pu avoir des chaussettes que très tard, par le biais d'un de ses oncles, qui avait quitté le Maroc pour vivre en Allemagne, et qui rapportait parfois ce dont la famille avait besoin quand il revenait au pays. Cette paire de bottes en plastique était pratique lorsque les conditions météorologiques n'étaient pas bonnes. Les gens, enfants comme adultes, n'avaient pas beaucoup de vêtements ni de chaussures, ils devaient en prendre soin. Si un vêtement était déchiré, on le recousait. Les dépenses devaient se faire avec sobriété.

Aucun bus ou navette ne passait sur cette route, uniquement des voitures, des camions ou des mobylettes. Parfois, mon père s'imaginait s'accrocher à l'arrière d'un camion, car ils ne roulaient pas trop vite à cause de l'état de la route. Un jour de forte chaleur, sentant la fatigue l'envahir, il sauta le pas et, sous le regard amusé des autres écoliers, il s'accrocha à l'extérieur d'une camionnette avec l'un de ses copains pour faire une partie du chemin. Ils avaient quatorze ans et étaient fiers d'eux. Le chauffeur sortit sa main par la fenêtre et fit un geste avec son pouce pour leur indiquer qu'il les avait bien vus. Il leur arriva plusieurs fois de déchirer leurs vêtements sur des bouts pointus du camion, mais aussi de tomber. En cas de chute, ils devaient se relever rapidement et courir au bord de la route pour ne pas se faire renverser par une autre voiture qui pourrait arriver.

Quand il pleuvait, les élèves n'avaient pas de parapluie, les vestes n'étaient pas imperméables, et ils arrivaient trempés à l'école. Ces journées de pluie hivernale, mon père s'en souvient encore, c'était les pires. Les classes n'étaient pas chauffées, il faisait très froid, et ses mains étaient si gelées que ses doigts ne retenaient même pas le stylo pour écrire. Malgré ces conditions difficiles, il avait l'obligation de se rendre à l'école et de faire de son mieux. Il apprit à lire et à écrire l'arabe littéraire. Il choisit le français comme deuxième langue. Il était plutôt bon élève en général, assis au premier rang. Il avait une curiosité très éveillée.

Ahmed était aimé des professeurs, sûrement parce que son père allait souvent les voir et s'intéressait à sa scolarité. En se montrant ainsi présent et proche des enseignants, mon grand-père cherchait aussi à les dissuader si l'envie leur venait de corriger son fils à coups de règle. Il savait comment ça se passait. Certains écoliers se faisaient sévèrement punir si leurs résultats ou leur comportement en classe n'étaient pas corrects. Les coups étaient quasi quotidiens. Mon père se souvient notamment de ce jour où un élève a été durement frappé par un enseignant :

— Rendez-moi vos devoirs, demanda-t-il d'un ton ferme.

Il s'approcha d'Ali, voyant qu'il était le seul à ne pas avoir rendu son devoir.

— Ali, tu n'as rien à me remettre ?

— Non, je n'ai pas réussi à les faire.

— Lève-toi, Ali ! lui ordonna-t-il. Tends ta main !

Il lui infligea alors plusieurs coups de règle devant toute la classe, plongée dans le silence. Mon père était effrayé de voir son camarade de classe en pleurs. C'était une manière pour les enseignants d'éduquer les enfants, mais cette violence était déjà exercée par mon grand-père lorsque cela lui semblait nécessaire. L'élève victime se retrouvait dans l'impossibilité d'en discuter avec ses parents, car ces derniers auraient considéré que cela signifiait que leur enfant avait effectivement mal agi. Il aurait donc pris d'autres coups.

Mon père est le deuxième enfant de mon grand-père, son fils aîné. Il fait partie d'une grande fratrie de cinq garçons et quatre filles. C'est une grande famille, et ils s'entendaient bien et étaient solidaires entre eux.

À cette époque…
Mon grand-père leur avait donné une règle, une ligne de conduite à tenir et à respecter lors de leurs sorties : pas de jeux d'argent, pas de vol et pas de cigarettes. Il faisait attention. Toutes les personnes qui l'entouraient ne fumaient pas devant lui, de peur de se faire engueuler. Il avait la main légère sur le sel, il disait que ce n'était pas bon pour les reins. Pour lui, prendre soin de sa santé était important. Jusqu'au jour où il goûta au soda de couleur noire bien sucré dans ces bouteilles en verre… Un verre le matin, puis le midi, et enfin un le soir avant d'aller dormir. C'était devenu une réelle addiction.

Malgré cette règle, l'idée d'aller fouiller dans les poches du pantalon de mon grand-père pendant qu'il dormait vint à l'esprit de mon père, alors qu'il avait huit ans. Il ouvrit la porte de sa chambre tout doucement, entra sur la pointe des pieds et se dirigea vers cette table basse ronde, sur laquelle était posé le vêtement. La peur de le réveiller l'envahissait à tel point qu'il retenait sa respiration. Ses gestes étaient lents, il ne devait pas faire de bruit, surtout pas. Il voyait la ceinture, toujours autour du pantalon, celle avec laquelle mon grand-père montrait son autorité. Il devait être rapide pour ne pas se faire prendre et goûter à cette ceinture. Il glissa sa petite main dans la poche, vola les sous qu'il y trouva et s'en alla avec le sourire, content d'avoir réussi à ne pas réveiller son père.

Arriva l'heure à laquelle mon grand-père se leva, très tôt, pour se préparer à sortir. Il vérifia qu'il avait bien le courrier et l'argent dont il avait besoin, mais il s'aperçut que sa poche était vide. Très en colère, non pas pour la somme mais pour l'acte que l'un de ses enfants avait osé commettre, il se rendit avec sa lanterne dans la pièce où ils étaient tous en train de dormir, puis les réveilla brutalement pour retrouver celui ou celle qui avait commis ce vol. Voler alors que cela ne faisait pas partie de ses principes… Il avait prévenu ! Un silence de plomb régna dans la pièce, personne ne se dénonça. Mon père avait peur, trop peur de le décevoir et de prendre des coups de ceinture s'il avouait que c'était lui qui avait volé cette somme pour s'acheter des bonbons. Son père partit énervé, sans avoir trouvé le coupable, et mon père se jura de ne plus jamais recommencer. Ce fut le premier et le dernier vol de sa vie.

Mon père finit par quitter l'école à seize ans. Les emplois disponibles et qu'il pouvait occuper ne nécessitaient pas d'aller plus loin dans les études. Il avait le choix entre devenir agriculteur dans les champs de mon grand-père et travailler au moulin à farine familial. Il commença à travailler au moulin en 1968. Le chemin n'était pas aussi long que pour se rendre à l'école, car le moulin était dans le village. Les gens venaient de tout le Rif avec des sacs remplis de blé, qui provenait en général de leurs propres champs, et lui s'occupait de le moudre pour en faire de la farine. Il commençait très tôt. Il partait de la maison à cinq heures du matin et n'avait pas vraiment d'heure de fin de journée. Il aimait travailler, être actif, mais il voulait surtout gagner de l'argent et savait que plus il ferait d'heures, plus il aurait de clients, et plus il gagnerait d'argent, même si ça ne suffisait pas pour vivre convenablement. Pour cela, il devait être le plus présent possible, surtout que le téléphone n'était pas utilisé à l'époque pour passer commande ou organiser les visites. Il était à la disposition de ceux qui avaient besoin de ses services. Il appréciait ce contact avec les clients : discuter, prendre de leurs nouvelles. Cette facilité naturelle à créer du lien lui était bénéfique.

Parfois, des familles ou des femmes âgées et veuves se présentaient avec leur blé, mais n'avaient pas les moyens de payer. Mon père ne leur réclamait rien. Pour lui, il était hors de question de faire payer des pauvres, ils venaient déjà avec très peu de blé.

Une femme âgée et veuve l'avait marqué par sa gentillesse et son histoire. Elle s'appelait Fatouma et avait perdu son mari des suites d'une maladie. Elle n'avait pas d'enfants et vivait seule avec très peu de moyens.

— Salam aleykoum, Ahmed. Tu es là ? cria-t-elle à la porte.

Mon père se précipita pour l'accueillir.

— Wa aleykoum salam, Fatouma, comment vas-tu ?

— Je vais bien, Dieu merci, et toi ?

— Je vais bien, merci, lui répondit mon père.

— Aide-moi à prendre le sac de blé qui est posé sur l'âne.

— Bien sûr, je m'en occupe, ne touche à rien !

— Merci, mon fils. Laisse-moi t'offrir ces œufs du poulailler. J'ai aussi une poule ou un lapin à te donner pour te remercier de ta générosité, lui annonça Fatouma.

— Je ne prendrai rien. Ne t'en fais pas. Garde-les pour toi, refusa mon père.

— Ahmed, je te remercie. Que Dieu te facilite tout ce que tu entreprendras. Je prierai tous les jours pour que Dieu ne t'apporte que du bon dans ta vie. Tu es un garçon formidable, le remercia-t-elle chaleureusement.

— Amine, Fatouma, lui répondit mon père.

Puis elle s'en alla sur son âne, qui portait ce sac rempli de farine. Elle lui fit signe de la main au loin jusqu'à ce qu'il disparaisse de sa vue.

Mon grand-père félicitait toujours mon père pour ses bonnes actions, elles étaient l'expression d'une autre valeur qu'il lui avait inculquée : aider son prochain. Mon père y voyait également un moyen de fidéliser ses clients, et une bonne manière de se différencier de la concurrence. Il n'oubliait pas qu'il faisait tourner une entreprise familiale. L'argent qu'il gagnait était versé à son père, car c'était lui qui gérait les dépenses. Ses copains lui rendaient visite de temps en temps pour lui tenir compagnie. Le moulin était devenu un endroit où ils se rassemblaient dans la joie, assis sur ce qu'ils trouvaient, souvent un gros caillou, une brique ou un seau retourné. Ils se mettaient autour d'une petite table, posée à l'extérieur, cela maintenait le lien entre ces copains. L'un d'eux venait avec tout le nécessaire pour préparer le thé : un petit réchaud portable, une théière, du thé en grains, et bien entendu la menthe fraîche au parfum intense cueillie dans les champs, ainsi que des verres pour servir les copains. Ils en profitaient aussi pour aider mon père dans son travail. Cette amitié se poursuit encore aujourd'hui.

Mon père était connu et aimé dans le village. Quand il le pouvait, il travaillait en plus dans les champs familiaux, où étaient cultivés, en fonction des saisons, des légumes comme des pommes de terre, des oignons rouges, des fèves, des navets, des poivrons, mais aussi du blé, de la menthe, du persil. La terre du Rif était propice à l'agriculture et leur apportait de quoi se nourrir. Plusieurs jeunes du village étaient aussi chargés d'entretenir les terres de leurs parents, et ils aimaient se retrouver. Les filles étaient toujours ensemble, timides. L'une d'entre elles, Mimouna, s'imposait dans ce groupe. Elle était meneuse, bonne vivante et marrante, mais elle n'avait pas peur de se battre s'il fallait défendre ses copines. Mon père aimait bien la provoquer d'ailleurs, son attitude le faisait rire. Dès qu'il la voyait arriver, il l'embêtait, et elle lui jetait des cailloux en lui répondant : « Si tu continues, je vais te frapper, Ahmed ! »

Le lundi, jour de marché, ce qui avait été récolté était en partie revendu au souk de Tafersit. Cet argent était, lui aussi, versé à son père et leur permettait d'acheter du sucre, de la viande, des produits d'hygiène, des vêtements si besoin et d'autres biens nécessaires et utiles. Ces achats n'étaient malheureusement pas suffisants, ils ne mangeaient pas à leur faim, ils étaient tout de même neuf enfants autour d'un plat.

Pour les marchés de Driouch et Midar, des villes voisines, le mercredi et le samedi, mon père était parfois accompagné de ses frères et sœurs. Il était de bonne volonté, vaillant et souvent collé à son père. Il était curieux et aimait fréquenter les adultes, auprès de qui il apprenait. C'était pour lui une manière de progresser, de toujours être dans l'apprentissage pour faire mieux.

Sa mère, Zoulikha, était une femme douce et aimante, toujours le sourire aux lèvres. Elle était très mince et petite, elle mesurait environ 1 mètre 56. Les robes traditionnelles qu'elle portait étaient souvent trop larges pour elle, elle nouait alors une ceinture autour de sa taille et faisait remonter sa robe pour la raccourcir, afin qu'elle lui aille jusqu'aux chevilles. Elle avait deux motifs berbères tatoués sur son visage, un au niveau de son menton et l'autre entre ses sourcils. Beaucoup de femmes en avaient, c'était un signe de beauté. Pour ma grand-mère, c'était purement un effet de mode. Après lui avoir piqué la peau avec des aiguilles, on lui avait passé un produit naturel pour apporter de la couleur, elle avait choisi un bleu indigo. C'est une coutume que j'ai vue disparaître à partir des années 50, de la génération de mes parents. Ma grand-mère portait un voile fin sur la tête en signe de pudeur. Elle a toujours eu un rôle de femme au foyer, pendant que mon grand-père s'occupait des tâches à l'extérieur. Elle prenait soin de lui, de mon père et de ses huit autres enfants avec beaucoup de douceur et de tendresse. C'était une femme calme, qui restait souvent silencieuse, elle écoutait beaucoup.

Un jour, Yamina, une voisine, passa chez elle pour lui rendre visite, comme elle le faisait parfois, et arriva au

moment où ma grand-mère et d'autres femmes de la famille étaient assises autour d'un café. Elle s'installa afin de discuter avec elles et profita d'un moment de silence pour lui demander en tmazight :
— Tu es souvent silencieuse, Zoulikha. Pourquoi ?
Ma grand-mère lui répondit en inclinant timidement la tête, le sourire aux lèvres :
— Ma chère Yamina, quand je n'ai rien d'intéressant à dire ou qu'il n'y a rien de nouveau, je préfère garder le silence. J'aime bien écouter ce que disent les autres.

Dans l'espace de vie, elle s'occupait du bétail, du poulailler et de la traite des vaches deux fois par jour, très tôt le matin et en début de soirée. Elle versait une partie du lait cru dans un bidon en plastique, puis elle le secouait pendant des heures pour en extraire du beurre, qui remontait à la surface. Elle cuisinait bien. Elle préparait sa propre semoule en mélangeant de la farine, de l'eau et du sel dans un grand récipient. Elle frottait le mélange avec ses mains jusqu'à obtenir de petites particules granuleuses, puis elle tamisait le tout et recommençait plusieurs fois. Elle en faisait un couscous avec des légumes et de la viande. Une tête de mouton cuite au feu de bois pouvait parfois s'inviter dans l'assiette. Mon père en garde des souvenirs savoureux. Ils n'avaient pas l'eau courante et l'électricité, elle utilisait une lanterne pour s'éclairer la nuit. Quand on lui apportait des légumes, elle allait chercher de l'eau au puits pour les nettoyer, mettait de côté ceux qui pouvaient être conservés longtemps dans la terre. Elle creusait une fosse pour les y déposer et les consommer plus tard. Malgré toutes ces tâches, elle ne se plaignait jamais.

Ils vivaient en famille, dans des maisons en terre de plain-pied, comprenant une chambre et un coin douche délimité par un mur. Trois maisons étaient disposées sur un grand terrain : une pour mes grands-parents, et les deux autres pour les frères de mon grand-père, leurs épouses et enfants. Il y avait également une cuisine partagée et une longue et vaste pièce vide où les enfants dormaient côte à côte sur le sol. Lorsqu'il faisait froid, mon père laissait de la place pour qu'un chat vienne se poser sur lui. Ça le réchauffait un peu et l'aidait à s'endormir. Il a toujours aimé les chats. S'il en voyait un affamé, il partageait ce qu'il mangeait avec lui.

Ses journées étaient plutôt pleines, il aimait travailler, mais les moments de détente pour se changer les idées étaient importants. Il adorait faire du vélo. Un après-midi, il voulut emprunter un vélo à des jeunes venus chercher de la menthe sur une terre que mon grand-père leur avait vendue.
—Je peux emprunter votre vélo pour faire un tour ?
Ils acceptèrent.

— Je peux y aller, papa ?
— Bien sûr ! Mais tu ne tardes pas, Ahmed, on se rejoint à la maison !

Pas facile de faire du vélo sur les routes caillouteuses ! Il savait qu'il ne devait pas trop accélérer pour éviter les secousses, mais il se mit debout et commença à accélérer quand même. Il détourna son regard quelques secondes et chuta dans un profond ravin, emmenant avec lui des oiseaux, qui, eux, s'envolèrent. Son corps atterrit sur le sol de terre rouge, et le vélo fut projeté pas très loin de lui. Il se retrouva allongé là, quelques parties de son corps en sang, perdit connaissance et ne bougea plus. De jeunes garçons du village l'avaient vu chuter au loin. Ils se précipitèrent vers lui, descendirent tous ensemble et traînèrent mon père pour le faire remonter, laissant le vélo là. Ils l'aidèrent à se relever et à reprendre ses esprits. Il rentra puis se vit dans le miroir, en sang. Paniqué, il décida de partir au souk à pied pour demander des soins. Il ne voulait pas que sa mère le voie dans cet état, et son père était à la mosquée, c'était un vendredi. Il retourna ensuite à la maison et s'endormit. Ses parents le découvrirent allongé sur le sol, avec des bandages. Ils le réveillèrent, inquiets.
— Ahmed, que t'est-il arrivé ?
— Je suis tombé du vélo, mais tout va bien, affirma-t-il de peur de se faire engueuler.

Sa mère le prit dans ses bras et l'embrassa. Son père lui montra de l'attention, ce qui surprit mon père, et souhaita qu'on le laisse se reposer encore un peu pour qu'il l'emmène ensuite chez un médecin. Il s'en tira plutôt bien. Les amis de mon grand-père qui étaient venus couper de la menthe revinrent non pas pour récupérer le vélo, mais pour prendre des nouvelles, car ils avaient entendu que mon père avait chuté et ils voulaient s'assurer qu'il allait bien. Il porte encore aujourd'hui, sur son menton, une cicatrice de ce mauvais souvenir, qui lui rappelle qu'il a failli y passer, mais que ce n'était pas son jour. La vie était encore là, devant lui.

Mon père est un homme joyeux, très bavard, qui a toujours des sujets à aborder et des anecdotes à raconter. C'est un grand blagueur et charrieur, on ne s'ennuie jamais avec lui. Il est joueur, mais pas mauvais perdant. Quand ils se retrouvaient avec ses copains le soir, ils aimaient jouer aux billes ensemble ou à un jeu avec une boule de fil. Le but était de la lancer tout en en gardant une partie au poignet, sous forme de bracelet. Le gagnant était celui qui la lançait le plus loin. Parfois il gagnait, parfois il perdait. Cela lui était égal, contrairement à ses copains, qui détestaient perdre et étaient capables de provoquer une bagarre quand leur égo était touché. Ça faisait beaucoup rire mon père, qui n'hésitait pas à en rajouter une couche pour les titiller.

À son adolescence, il eut envie de passer du temps au souk. Lorsqu'il s'y rendait avec son père, il voyait tous ces hommes assis au café, alors il commença à y aller avec ses copains, là où beaucoup se rassemblaient pour regarder la télévision, dont l'accès était payant, et les matchs de football. Certains jouaient aux cartes, une cigarette à la main. D'autres étaient assis, les jambes croisées, et tenaient un verre d'alcool. L'ambiance était assez calme, des rires éclataient parfois entre copains. Quand l'équipe marocaine, que tout le monde soutenait, marquait un but, tous se levaient et exprimaient leur joie. Ces moments rendaient mon père heureux. Comme il aimait cette ambiance ! Ça changeait des balades à vélo et des jeux d'enfants devant la maison.

L'IMMIGRÉ DES ANNÉES 70

Animé par cette curiosité de découvrir l'autre côté de la Méditerranée, mon père décida d'immigrer dans les années 70, à la fin de la deuxième période migratoire en France. Il avait dix-huit ans et était animé depuis toujours par cette envie d'explorer, d'élargir son champ de vision et de progresser dans la vie. Il en parla alors à son père pour avoir son accord. Mon grand-père accepta sans enthousiasme au début et écrivit à son gendre et son frère, déjà installés en France, pour leur demander s'ils pouvaient trouver un emploi à Ahmed.

En septembre 1970, l'occasion se présenta. Il réussit à décrocher un contrat de travail dans une usine en banlieue parisienne, dans le département des Hauts-de-Seine, ce qui lui permettrait d'entamer les démarches administratives et de quitter le Maroc pour la France. Son beau-frère lui avait trouvé un employeur qui manquait de main-d'œuvre. Mais il fallait maintenant attendre un prochain départ collectif depuis la ville de Taza, dans le nord du Maroc, à environ quatre-vingt-dix kilomètres de Tafersit. Le premier trajet devait se faire en voiture, de Taza jusqu'à Casablanca. Mon grand-père en parla à un de ses amis, qui organisait ces départs. Celui-ci lui promit de le prévenir pour le prochain.

Le projet de mon père commençait à naître. Il avait obtenu son passeport, son permis de travail, il devait se préparer à quitter le pays. L'attente d'un départ qui aurait lieu à une date indéterminée l'enthousiasmait.

Quelques semaines plus tard, comme promis, cet ami frappa très tôt à la porte.
— Salam aleykoum, Mohamed !
— Wa aleykoum salam, Si Najim ! lui répondit mon grand-père, le sourire aux lèvres.
— Comment vas-tu ? Comment va ta famille ?
— Tout le monde se porte bien grâce à Dieu, et toi ?
— Tout va bien, grâce à Dieu. Si ton fils souhaite partir aujourd'hui, il peut nous rejoindre à Taza, lança Najim, enthousiaste. Je prends deux autres personnes avec moi, dont mon fils.
Sur un ton aussi enthousiaste, mon grand-père lui répondit :
— D'accord, Si Najim, je lui dis. Choukrane !
— À la prochaine, Si Mohamed ! Que Dieu te protège !
— Amine, lui rétorqua mon grand-père.
Il ferma la porte puis entra aussitôt dans la pièce où mon père dormait, s'approcha de lui et chuchota :
— Ahmed, Ahmed, il y a un départ aujourd'hui pour Casablanca, mais il faudrait que tu sois dans quelques heures à Taza, où se fera le premier départ.
Mon père était allongé sur une couverture, au

sol, un drap lui couvrait une partie du corps. Les chuchotements le réveillèrent. Il ouvrit les yeux, se positionna sur le dos, posa une de ses mains sur son front et se mit à réfléchir quelques minutes avant de répondre d'une voix enrouée :

— D'accord, papa, je prépare mon sac et je pars.

Il se leva, étourdi, et se précipita pour préparer ses quelques affaires. Son projet d'aller découvrir d'autres horizons se concrétisait, mais le mettait en même temps dans un état d'anxiété. Une fois son sac rempli du strict nécessaire, il se dirigea vers sa tendre mère pour la saluer avant le grand départ. En pleurs, elle le serra très fort dans ses bras, puis le regarda dans les yeux et lui dit :

— Ahmed, mon fils, tu vas vraiment partir ?

Il baissa les yeux et ne répondit pas.

— Que Dieu te protège et te facilite le voyage, mon fils. Tu vas beaucoup me manquer. Tiens-nous informés.

Ils étaient tous les deux dans un état de tristesse terrible, mais mon père resta stoïque devant cette situation, il se contenait. Ma grand-mère éclata en sanglots face au départ de son fils, sa chair et son sang. Il faisait le choix de saisir cette opportunité, une nouvelle porte s'ouvrait pour lui. Son cœur se déchira en la voyant dans cet état, et il décida de quitter précipitamment la maison, après avoir salué son père, qui lui adressa quelques mots sans laisser transparaître la moindre émotion. Il était confiant, son fils était devenu un homme, et il était sur le point de commencer une nouvelle vie.

— Ahmed, fais attention à toi. Voici de l'argent pour ton voyage, donne-nous rapidement des nouvelles. Que Dieu te protège.

— Amine. Merci, papa, je te donne des nouvelles dès que je peux.

Il s'en alla le cœur serré, sans même réveiller ses frères et sœurs. Il ne voulait pas les voir pleurer eux aussi.

Tout le village était attristé, comme à chaque départ. Tous les habitants se connaissaient, s'entendaient bien et étaient solidaires. Un autre enfant du village partait à son tour.

Il monta dans un premier taxi, qui l'amena à Taza, où il rencontra cet homme qui devait le conduire à Casablanca, à environ quatre-cents kilomètres de Taza. Il le trouva avare dans ses explications sur le déroulement du voyage en matière de dépenses. Mon père prit sur lui et partit vers sa destination.

Il arriva enfin à Casablanca. Avant ce jour, il n'avait jamais quitté la région du Rif. Il découvrit la capitale économique du pays. Il était émerveillé par cette ville qu'il trouvait à la fois belle et moderne. Il passa d'une maison en terre à un grand immeuble, un hôtel dans lequel il allait séjourner deux nuits avec ses compagnons de route. C'était encore une découverte, il n'avait jamais mis les pieds dans ce type d'établissement. Tout était carrelé et luisant, de beaux tableaux étaient accrochés aux murs de la réception, dont celui du roi du Maroc à cette époque, Hassan II. Dans leur chambre, ils trouvèrent des sanitaires complètement différents de ce qu'ils connaissaient chez eux. Plus besoin d'aller chercher l'eau du puits pour se laver, il suffisait d'ouvrir le robinet. La lumière fonctionnait en appuyant sur un interrupteur. Un autre mode de vie ! Quand l'un d'entre eux se rendit aux W.-C., il prit peur en tirant la chasse d'eau. Il était habitué aux toilettes sans chasse, dans lesquelles il versait un seau d'eau, et le bruit lui avait fait penser à un tuyau qui s'était cassé. Mon père explosa de rire. Ils décidèrent de sortir flâner dans les rues. Mon père découvrit une architecture différente. Il vit notamment des salles de cinéma pour la première fois. Ils n'avaient ni le temps ni les moyens de regarder un film. Ils devaient s'occuper de la dernière démarche administrative et de sa visite médicale effectuée par un médecin français, avant la prochaine étape du voyage, le trajet Casablanca – Tanger en train, pour y prendre le bateau qui devait les emmener en Espagne, à Algésiras, et enfin terminer jusqu'à la destination finale, Paris.

Une fois ses papiers en poche, il dut faire un choix sur l'utilisation des sous donnés par son père. Il décida d'aller faire les boutiques avec ses copains. Il avait très peu de vêtements avec lui et, contrairement à l'endroit où il vivait dans le Rif, il y avait ici de vraies boutiques et de beaux vêtements. Il choisit quelques pantalons à pattes d'éléphant et des chemises vintage à manches longues, près du corps. Il était content de ses achats. Mon père a toujours eu du goût, je l'ai vu sur une photo en noir et blanc avec cette tenue : pantalon à pattes d'eph, chemise cintrée à manches longues, touffe de cheveux, et montre au poignet bien sûr, mon père aime beaucoup les montres. Je l'ai trouvé très élégant.

Arriva le jour où il monta à bord d'un grand paquebot pour la première fois. C'était un après-midi, le temps était clément, le climat doux. La mer était calme.

Les sirènes se mirent à rugir, l'heure du départ avait sonné. Plus l'embarcation s'éloignait du port, plus il prenait conscience, par ses émotions qui lui parlaient, qu'il laissait son pays derrière lui. Il se sentit alors partagé entre un sentiment de tristesse et de joie. La tristesse de quitter le Maroc et de se retrouver loin de sa famille, mais aussi la joie de voyager et de découvrir un autre pays.

La tristesse prit le dessus. Il passa un long moment seul, debout, pensif face au port. Il revoyait le visage en larmes de sa mère sur les montagnes au loin. Le cœur lourd, il se mit à pleurer. Les larmes qu'il avait retenues devant elle coulaient maintenant le long de ses joues. Il lui fallut du temps pour se ressaisir et rejoindre ses copains.

À Algésiras, en Espagne, ils poursuivirent en prenant un train avec plusieurs correspondances. Ils commençaient à être fatigués et affamés, et le voyage dura encore trois jours de plus.

Mon père arriva enfin à destination, à la gare parisienne d'Austerlitz, à sept heures du matin. Il descendit du train et mit les pieds sur le sol français. Il regarda autour de lui et s'aperçut du changement de décor. Autour de lui, une foule de personnes qui marchaient vite, qui allaient travailler. Justement, mon père était venu pour ça : travailler. Son but était atteint, sa nouvelle vie commençait à ce moment précis. La France l'accueillait, lui ouvrait une porte et lui donnait la possibilité d'écrire un nouveau chapitre. Les compagnons de route se séparèrent, et mon père poursuivit son chemin avec un copain qu'il avait croisé dans le train et qui avait lui aussi voyagé depuis le Maroc. Ils s'aidèrent pour trouver l'adresse où chacun devait loger, qu'on leur avait indiquée sur un papier. Ils ne savaient pas comment prendre les transports ni combien leur coûterait un taxi. Ils décidèrent donc d'y aller à pied et marchèrent pendant des heures jusqu'au nord du département des Hauts-de-Seine, dans le 92, guidés par les passants à qui ils demandaient leur chemin. Ils réussirent à localiser les adresses, ils n'étaient pas très loin l'un de l'autre. C'était la fin de leur voyage, ils se saluèrent, sachant où ils pourraient se retrouver, mais ils ne se sont jamais revus.

Devant plusieurs logements, mon père chercha celui de son oncle Amar des yeux. Il y vivrait avec quatre copains du village, qui avaient aussi immigré. Il aperçut son oncle au loin, il portait un bleu de travail. Ils se rapprochèrent, heureux de se revoir, et se prirent dans les bras. Ce logement était une baraque isolée, en plein milieu de l'usine dans laquelle il travaillait. Mon père entra dans cette baraque vétuste constituée d'une seule pièce d'environ dix mètres carrés où il y avait tout : un réchaud, des lits et une table. Affamé, il se dirigea vers le réchaud, souleva le couvercle de la marmite et vit des pommes de terre en train de cuire. Il fut surpris par la faible quantité de nourriture ! Il s'attendait à manger un plat un peu plus garni. Son oncle lui dit : « Ahmed, les légumes ne poussent pas dans mon jardin. Je dois les acheter, et ce sont des dépenses auxquelles je fais attention. Le principal est d'avoir quelque chose dans l'estomac. »

Mon père s'en contenta. Il ne comptait pas rester longtemps ici, cette situation était provisoire pour lui. Cela le dépannait. Mon père voulait vivre comme les Français, dans un logement convenable, et non dans un endroit insalubre.

Il découvrit petit à petit la France, où il trouvait un avantage : pouvoir se construire une meilleure vie grâce à l'argent qu'il allait gagner. Il repartait de zéro, mais ce n'était pas si grave. Il avait une envie débordante de réussir. Être venu en France était déjà pour lui un premier succès.

Il marchait beaucoup quand il le pouvait. La plus longue distance qu'il parcourut à pied fut de la gare du Nord jusqu'à la tour Eiffel, qu'il voyait au loin et désirait atteindre, pensant qu'elle était proche, et sans connaître l'itinéraire exact. Les transports étaient chers pour lui, il voulait économiser le plus possible. Et puis les routes étaient différentes, c'était un plaisir de marcher sur des sols plats. Il flânait dans les rues, en observant ce qui l'entourait : des pigeons qui venaient jusqu'aux pieds des gens, les maisons et leurs façades, des immeubles avec une architecture moderne, les gens qui tenaient leur animal de compagnie en laisse, alors qu'il avait l'habitude de voir ces animaux en liberté. Aucun Marocain n'en avait à l'intérieur de sa maison. Il découvrit aussi la nourriture française. Le fromage fut l'une de ses plus belles découvertes culinaires, il en raffole ! C'est d'ailleurs sûrement ce qui lui a valu un taux élevé de mauvais cholestérol, dont il a souffert pendant une période. Il jonglait entre les plats marocains et les plats français. La boulangerie proposait plusieurs sortes de pains : la baguette, la ficelle, le pain, et il devait choisir entre blanche et bien cuite. Une question qui le surprenait toujours, mais à laquelle il répondait : « Une baguette bien cuite. » Il ne comprenait pas l'intérêt de poser autant de questions pour du pain. Quand il saisit enfin les différences, il lui arriva d'opter pour un pain ou une ficelle.

Il observa aussi ces bouchers, où il achetait cette viande qui n'était pas halal. Il n'en avait jamais mangé auparavant, cela n'existait pas au Maroc. À cette époque, en France, l'abattage selon le rite islamique se faisait rare. Jusqu'au jour où il découvrit Barbès, ce quartier où il retrouva un peu de sa culture avec les boutiques de produits orientaux, les boucheries avec des écritures arabes sur les vitrines, ces cinémas remplis presque exclusivement d'hommes, venus en France seuls, célibataires ou mariés, en laissant leurs épouses dans le pays d'origine. Ils y regardaient de vieux films en arabe, souvent égyptiens.

« C'est à Barbès qu'on allait manger quand on voulait retrouver les plats marocains qui nous manquaient tant. C'est aussi à Barbès que j'ai commencé à prier en collectif. »

Un vendredi, un homme grand et dodu, avec une légère barbe, s'approcha de lui alors qu'il était assis avec des copains en train de boire un café : « Si vous êtes musulman, suivez-moi ! »

Mon père, toujours poussé par cette curiosité, fit partie de ceux qui le suivirent. L'homme les emmena à un local qui faisait office de mosquée. C'était la première fois que mon père mettait les pieds dans une mosquée en France.

« C'était incroyable ! Cette foule de musulmans qui étaient présents et cette prière faite ensemble… Une sensation d'apaisement, nous partagions un point commun : la foi. Depuis ce jour-là, je n'ai jamais arrêté d'aller à la mosquée à chaque fois que je le pouvais, ça m'apaisait. »

Mon père a une facilité à aller vers les autres et à créer du lien. Il ne s'est jamais vraiment senti isolé. Un jour, il rencontra un Marocain venu en France, ils discutèrent, et mon père lui confia qu'il recherchait une chambre. Il voulait changer de logement, c'était trop petit. Cet homme lui proposa de les rejoindre, car un lit était disponible.

Il accepta et décida donc de quitter son oncle, au bout de trois mois, pour se rendre dans ce bidonville constitué de baraques en tôle et en bois, toujours situé dans le 92, où ne se trouvaient que des immigrés, une majorité de Maghrébins. La précarité régnait ici aussi, et les conditions d'hygiène étaient mauvaises. Des rats circulaient, il y avait des odeurs de poubelles et pas d'eau courante. La toilette se faisait à l'extérieur, mais c'était légèrement moins exigu. Ses colocataires étaient tous Marocains, de régions différentes, et beaucoup plus âgés que lui, tous quinquagénaires. Il aimait être entouré de personnes plus âgées. Il apprenait d'eux à travers leurs histoires, « les anciens », comme il disait, venus en France il y a quelques années, qui avaient préféré laisser leur famille au pays. Ces hommes étaient partagés entre leur vie familiale au Maroc et leurs habitudes de vie de travailleur seul en France.

« J'écoute beaucoup quand les gens parlent, leur histoire, leur expérience, parce que c'est comme ça qu'on apprend et qu'on peut éviter les erreurs. »

Mon père restera environ un an avec eux. Ils étaient six dans sa chambre, sur des lits superposés. Ils avaient placé mon père sur celui du haut, vu qu'il était le plus

L'IMMIGRÉ DES ANNÉES 70

jeune. Cela ne lui plaisait pas forcément, mais il sut s'adapter. C'était cette qualité qui l'aidait à avancer.

La fumée de cigarette et l'odeur des plats et des épices qui mijotaient remontaient jusqu'à son lit, au point où ses vêtements s'en imprégnaient. C'était si petit qu'il fallait faire preuve d'ingéniosité et optimiser l'espace. Mon père pliait le peu de vêtements qu'il avait et les posait sous son matelas.

Il devenait de plus en plus autonome. Il n'avait pas trop le choix, il devait apprendre à se débrouiller et à participer aux tâches surtout. Il nettoyait le sol, cuisinait. Ses colocataires de la région d'Agadir lui ont appris à préparer un tajine, un plat simple et convivial. Au Maroc, ce plat traditionnel se cuisine différemment en fonction des régions. Il a toujours trouvé la diversité très enrichissante, y compris quand elle vient du même pays.

Mon père finit par s'acheter un vélo pour se déplacer. Il aimait sortir pour découvrir de nouveaux endroits, aller à la rencontre des gens. Il observait cette diversité ethnique, ce multiculturalisme qui lui plaisait bien. Il voyait beaucoup de Portugais, Espagnols, Yougoslaves, Sud-Africains et Nord-Africains. Il observait aussi ces Français autour de lui, ces gens qu'ils trouvaient bien habillés, élégants, toujours bien coiffés, certains aux cheveux longs, d'autres aux cheveux courts, parfois blonds, ils étaient rares au Maroc.

« Ils étaient gentils, mais au regard méfiant. Pas facile de créer du lien. À leurs yeux, j'étais un étranger de sous-classe de passage en France, ils ne se doutaient pas que j'allais rester. Je pouvais leur poser une question, comme demander où se trouvait tel endroit, ils me répondaient poliment, mais c'est tout, ils ne sympathisaient pas plus que ça. Je ressentais du rejet, et cela me déplaisait. »

Vint ce jour où il se présenta à l'usine qui l'avait recruté en tant qu'ouvrier dans les Hauts-de-Seine. Un bleu de travail l'attendait. Ils y faisaient le tri des déchets recyclables ou non. Ceux qui pouvaient l'être étaient transformés en matière première. Ils en faisaient du papier pour la papeterie, puis ils le revendaient chez les imprimeurs pour en faire des livres et des journaux.

Pendant quelques mois, la première mission de mon père fut de transporter sur son dos des sacs contenant des ramettes de papier. Ils pesaient environ quarante kilos, et les imprimeurs chez qui il les apportait étaient installés au sous-sol. C'est là que les journaux clandestins et ceux qui travaillaient avec des résistants s'étaient cachés lors de la Seconde Guerre mondiale.

L'IMMIGRÉ DES ANNÉES 70

Les escaliers étaient étroits, mon père devait se mettre à quatre pattes pour les monter. Il travaillait très dur, et cela a duré un an. La force physique qu'il avait développée en travaillant dans le moulin à farine l'a beaucoup aidé. Il avait été recruté à l'essai et était déterminé à rester dans cette usine. Il faisait donc preuve de courage et d'implication.

Un matin, il croisa un homme qui lui dit : « Mais, voyons, tu es trop jeune pour porter ce poids sur ton dos. Ta place est à l'école ! »

Cela ne tomba pas dans l'oreille d'un sourd. Mon père réfléchit pendant des jours à ces propos et décida de s'inscrire à des cours du soir pour apprendre le français. C'était déjà un bon début.

Il travailla ensuite dans le pôle presse de l'usine pendant un an. Il apprenait vite et aimait ça, il récupérait des piles de papiers empilés et les compressait à l'aide d'une machine. Un homme avait remarqué qu'il était vaillant. Il s'appelait Rissaoui, c'était un immigré algérien âgé, qui avait besoin d'un assistant pour l'aider. Mon père a été touché par sa bienveillance. Son implication lui valut la jalousie de ses collègues, mais il se sentait récompensé en quelque sorte de son sérieux et de sa bonne volonté.

Un autre ouvrier de l'usine, bienveillant lui aussi, lui proposa à son tour de travailler avec lui dans un grand atelier. Il s'appelait Cristiano, un Portugais âgé d'environ cinquante ans. Il dit à la direction, en parlant de mon père : «Je prends le petit avec moi à l'atelier, il est vaillant.» Mon père devait trier les papiers déchets par couleurs. Une fois triés, ils partaient au pôle presse. Il fit ça pendant six mois.

L'usine déménagea en Seine-Saint-Denis. Le patron sélectionna certains ouvriers qui étaient venus de l'étranger, ceux qu'il aimait bien, dont mon père, pour les emmener vivre dans une baraque construite dans l'usine. En échange, ils en devenaient les gardiens.

Quelques mois plus tard, on proposa à mon père de devenir cariste. Cela nécessitait qu'il conduise un chariot élévateur pour déplacer des palettes. Au début, il n'était pas à l'aise, alors il lui arrivait de s'entraîner à le conduire la nuit. Il démarrait le chariot et faisait des allers-retours pour apprendre à l'utiliser. Un soir, son patron le surprit, l'observa et lui dit : «Tu vois que tu es capable de conduire cet engin! Tu peux le faire, Ahmed, tu t'en sors plutôt bien!»

Mon père se mit à rire, il était content. Il passa alors son CACES, un certificat qui valide l'aptitude d'une personne à conduire un engin de manutention, et il l'obtint. Ses collègues jalousaient toujours un peu ses promotions, mais mon père était animé par cette volonté naturelle d'apprendre, et c'est ce qui le faisait progresser sans qu'il s'en rende compte.

Il travaillait à l'extérieur, le traitement des déchets générait beaucoup de poussière, il en avait souvent dans les yeux. S'ajoutait à cela le bruit des grosses machines, le fait qu'il n'avait pas de protections, et les conditions météorologiques auxquelles il devait faire face. Par - 10 ou sous 40 degrés, il fallait travailler. Il faut dire qu'il s'était forgé le caractère au Maroc, durant ces années scolaires pendant lesquelles il avait affronté toutes les saisons. Les journées de travail semblaient interminables, et mon père ne se contentait que d'une rapide collation le midi. Il sortait de son sac une demi-baguette qui avait durci et versait de l'huile à l'intérieur. Malgré son aisance dans ses tâches, il ressentait cette pression, ce contrôle, cette surveillance, comme tous les ouvriers d'ailleurs. Ils prenaient sur eux. Parfois, les responsables étaient là, debout, en toute transparence, à les regarder faire. Parfois ils faisaient semblant d'aider, ils mettaient la main à la pâte, mais mon père savait que c'était pour les surveiller et vérifier s'ils travaillaient correctement. Cela ne le perturbait pas plus que ça.
Après quelques semaines, il envoya une première lettre à ses parents pour les informer qu'il était bien

arrivé, que son travail avait commencé et que tout se passait bien. Sa mère était illettrée, c'était donc mon grand-père qui lui avait lu cette lettre. Quelques semaines plus tard, il envoya sa paie à son père. Cela le rendait heureux et fier. Le mois suivant, il en envoya aussi une partie à sa mère, pour qu'elle puisse s'offrir quelque chose. Mais elle ne la reçut jamais.

Elle avait accouché d'une petite fille quelques semaines plus tôt, mais celle-ci était décédée à la naissance, et ma grand-mère l'avait suivie dans la nuit. À l'époque, les femmes accouchaient à leur domicile, sans assistance de personnel de santé, et cela pouvait parfois conduire au décès. Ce n'était d'ailleurs pas la première fois que ma grand-mère perdait un bébé. Le premier s'appelait Chaib, il était d'une beauté incroyable. Il n'a vécu que quelques mois. Les gens disaient que c'était à cause du mauvais œil. Elle laissa derrière elle neuf enfants, dont le benjamin, âgé de seulement deux ans. Ce dernier fut inconsolable pendant des semaines après son décès. C'est ma tante Aïcha, une femme dynamique, infatigable, rigolote et très bavarde, qui prit soin de lui. Elle devint sa seconde mère.

Mon père apprit son décès par une lettre que lui avait envoyée son père. Le courrier mit au moins un mois à arriver. Après avoir lu cette lettre, il perdit la parole pendant plusieurs semaines. Il plongea dans un long silence, en état de choc. Il n'y croyait pas. Il lut et relut la lettre, encore et encore, pour être sûr d'avoir bien compris. Son oncle était parti au Maroc. Quand il rentra, il rendit visite à mon père, qui était dévasté et encore dans le déni. Il dut donc lui confirmer le décès de sa mère.

Mon père ne pouvait pas quitter la France à cause des papiers administratifs, et sa mère était déjà enterrée. Il fut très affecté par son décès. Jamais il n'aurait pensé qu'en l'embrassant ce jour-là, en quittant le village, il lui faisait en fait ses adieux. Il ne reverrait plus jamais sa douce mère, celle qui lui préparait ce grand verre de lait quand il rentrait à la maison, peu importe d'où il venait. Il repensait à ces moments :
— Ahmed, je t'ai mis un grand verre de lait de côté.
— Merci, yemma (maman).
— Bois, mon fils, cela te donnera de l'énergie.
Un lait si bon, qu'elle avait trait de la vache. Il l'aimait beaucoup. Il nous a très peu parlé d'elle. Le peu de fois où il l'a fait, je le sentais toujours très affecté. J'ai retenu qu'elle était belle, aux yeux bleus, attentionnée, bienveillante avec tout le monde. Elle aimait rassembler la famille et ne mettait jamais quelqu'un à l'écart. Encore aujourd'hui, quand il dit « ma mère », je ressens la peine dans sa voix.

Au moment où j'écris, ma cousine Malika est en vacances au Maroc, elle a retrouvé une photo de ma grand-mère et l'a envoyée à mon père par message. Il nous l'a transférée aussitôt avec ces mots : «Votre grand-mère Zoulikha». Je l'ai immédiatement contacté en visio. C'était la première fois que je la voyais. Mon père était ému aux larmes. Je ne m'étais pas trompée, ça l'affectait toujours autant. Apprendre à grandir sans sa mère aussi jeune, c'est apprendre à grandir avec un manque, le manque de quelque chose d'irremplaçable, un amour inconditionnel qu'il n'aura connu qu'avec elle. Elle aurait été fière de lui. J'aurais tellement aimé la connaître, tout le monde la définissait comme une grande dame.

Sur la photo, on la voit sourire. Elle se tient debout, les bras le long du corps, elle porte une robe traditionnelle, le voile sur la tête et ses tatouages sur le visage. Ce qu'elle dégage sur cette photo correspond à tout ce qu'il nous a dit sur elle. Une douceur gravée dans le cœur de mon père.

Devenu Marocain résidant à l'étranger

Mon père ne put repartir au Maroc que trois ans après la mort de sa mère. Il a souffert de ne pas pouvoir la voir, la toucher, la prendre dans ses bras, l'entendre, lui raconter ce qu'était la France, ce qu'il y vivait, lui montrer comme il avait mûri, lui offrir un joli cadeau pour la première fois…

C'est sa tante Aliyah, qui habitait la maison voisine et avec qui il avait grandi, qui l'accueillit quand il arriva avec son sac de voyage à la main. L'ambiance n'était plus la même. Sa mère avait ce côté aimant, chaleureux. Son absence avait créé un vide immense. Tout avait changé. Impossible pour lui d'entrer dans la chambre de ses parents, c'était trop dur. Son père s'était remarié, une autre femme avait pris la place de sa mère. Dans la mentalité des gens du village, un homme ne pouvait pas rester seul. C'était malheureusement la vie, et elle continuait, même si c'était triste, et son père l'acceptait.

« Ça a été un moment atroce à vivre. Je ne me sentais plus chez moi, j'étais assis à attendre qu'on me dise vers où je devais me diriger, comme un invité. »

Sa tante Aliyah confia à mon père :
— Le jour où tes parents ont reçu ta première lettre,

ta mère l'a prise et l'emportait partout avec elle. Elle la mettait sur sa poitrine, sous sa robe, pour te sentir près d'elle.

— Je ne l'oublierai jamais… lui dit-il.

— Elle disait que tu avais touché cette lettre et qu'elle sentait ton odeur.

Il se mit à pleurer quelques instants, puis Aliyah le prit dans ses bras. Les yeux de mon père s'emplissent de larmes à chaque fois qu'il s'agit de parler de sa mère.

La nouvelle femme de mon grand-père était différente, moins attentionnée. Elle se tenait droite, le menton bien rentré, son visage dégageait une certaine dureté. Après leur mariage, ils eurent des enfants. Un jour, elle annonça clairement à mon grand-père : « Nous pouvons vivre bien mieux sans tes enfants, tu le sais, je ne veux pas d'eux. » Il décida de divorcer, furieux. Comment pouvait-elle lui demander de choisir entre elle et ses enfants ?

Elle ordonnait sans cesse aux enfants de ne pas s'approcher de leur père, parce que leurs vêtements étaient sales et que la morve coulait de leur nez. Un soir, mon grand-père était assis sur le sol et deux de ses enfants avaient posé leur tête sur lui et s'étaient endormis ainsi. Sa nouvelle femme vint les prendre pour les poser ailleurs. Mon père la regarda faire, impuissant, le cœur déchiré. Mon grand-père lui

Devenu Marocain résidant à l'étranger

demanda :
— Pourquoi fais-tu ça ?
— Ils vont salir ta djellaba, je ne vais pas te la laver tous les jours quand même ! lui dit-elle en colère.

Mon grand-père ne la supportait plus. Il entama les démarches pour le divorce, mais s'aperçut vite que c'était plus compliqué que ce qu'il pensait. Il devrait verser une pension, alors qu'il n'en avait pas les moyens. Il décida donc de garder sa femme dans la maison, mais dans une autre chambre, à l'écart. Il devait assumer les enfants qu'il avait eus avec elle.

Une nuit, alors que mon père était assis seul, pensif, à observer le ciel étoilé en silence pendant que tout le monde dormait, mon grand-père le rejoignit et se confia à lui. Il était attristé et anxieux de la situation.
— Depuis que ta mère est partie, tout est différent, Ahmed. Et la femme que j'ai épousée ne me convient pas, je ne veux plus d'elle. Elle m'a demandé de choisir entre vous et elle.
— Baba, je comprends ta tristesse, mais ne sois pas inquiet.
— Si, Ahmed ! Je suis inquiet, car je pense à vous et je ne sais pas de quoi le destin sera fait. Je dois vous protéger !
— Oui, Baba, je sais bien. Cette vie sans maman nous attriste, cette femme que tu as épousée ne s'occupe pas de nous. Regarde dans quel état je retrouve mes

frères et sœurs… Mais que veux-tu faire ?
— Je vais me remarier ! Mais toi, Ahmed, en tant que fils aîné, tu dois maintenant prendre la responsabilité de tes frères et sœurs. Ne jamais les oublier et les aider, leur donner les moyens de progresser.
— Bien sûr, Baba, je serai toujours là pour eux, le rassura-t-il en posant sa main sur le dos de son père.
— Oui, mais cela sera difficile seul. Tu as besoin d'une femme pour t'épauler. Il faut que tu te maries.
— Baba, je n'ai pas la tête à ça ! Tu te plains d'une femme, et tu me conseilles d'en épouser une autre pour m'épauler ?
— Il existe des femmes aimantes… Je pense particulièrement à ta mère, qui n'est plus là.
— Je ne sais pas, Baba.
— Ahmed, la vie de ta mère s'est arrêtée, mais pas la nôtre. Alors ressaisis-toi et avance, mon fils !

Un silence s'installa, et ils s'échangèrent un regard intense, plein d'émotions. Puis mon père lui dit :
— C'est dur, Baba.
— Je sais. Mais penses-y, mon fils, lui répondit-il avant de s'en aller.

Il réfléchit un moment aux propos de son père. Il l'écoutait beaucoup et décida alors de se marier. Il connaissait un peu ma mère, ils avaient été dans la même classe quand ils étaient petits. Mais il la choisit surtout sur recommandation, elle était considérée comme une fille de bonne famille. C'était une valeur sûre aux yeux des gens.

Ma mère s'appelle Aïcha, elle a trois ans de moins que mon père. C'est une femme pleine de sagesse, toujours de bonne humeur et souriante, au cœur pur. Depuis son plus jeune âge, elle a été une fille obéissante envers ses parents qu'elle aimait tant. Elle était timide et très pudique. Elle a quitté l'école très tôt et s'occupait des tâches ménagères à la maison. Les femmes n'avaient pas vraiment d'avenir dans le village, ses parents ne voyaient pas l'intérêt qu'elle aille à l'école plus longtemps.

Elle accepta de se marier avec mon père, ou plutôt ses parents acceptèrent, elle avait dix-huit ans. Elle était contente, ça ne lui faisait pas peur. À cette époque, il était difficile d'entamer une relation avant le mariage pour apprendre à mieux connaître la personne. L'avis des parents avait alors une grande importance et prenait le dessus sur le moindre doute de l'homme ou la femme. Mes parents se connaissaient vaguement, mais cela ne suffisait pas pour vérifier leur compatibilité. Ils devraient apprendre à se connaître une fois mariés.

Mon père était également serein quant à l'idée de se marier à vingt et un ans. Cependant, il comprenait qu'au-delà du fait de s'unir pour s'épauler, il allait aussi fonder une famille, qu'il devrait assumer. Ses responsabilités augmenteraient et il devrait prévoir de subvenir aux besoins des siens, de son propre foyer.

Mes parents se marièrent en 1973. La première étape fut l'acte religieux en présence d'un imam, qui demanda au père d'Aïcha s'il acceptait de donner la main de sa fille. Ahmed exprima à son tour la volonté de prendre Aïcha comme épouse. Puis l'imam récita quelques versets du Coran et un texte religieux déclarant le mariage accordé et béni par Dieu. Ce fut aussi le moment d'offrir des cadeaux à Aïcha, mon père avait acheté des bijoux en or en guise de dot. Les hommes présents au mariage sortirent de la pièce, et les femmes poussèrent ce cri de joie que l'on appelle les «youyous».

Le mariage put commencer, il fallait s'organiser rapidement avant que mon père ne rentre en France. La fête dura trois jours. Pendant cette période festive, chacun prépara un repas chez lui, invita la famille et célébra le mariage. Les hommes et les femmes étaient dans des pièces différentes pour qu'elles se sentent plus libres de s'amuser et de danser, malgré leur pudeur, sans les regards masculins sur elles. Elles chantaient le Lalla Bouya (un chant ancestral), accompagnées du adjoun.

Le premier jour fut particulièrement émouvant. Il

était consacré au rituel du henné pour la mariée. Les chants parlaient d'une femme qui quittait la maison et allait laisser un vide. Pendant ce temps, une femme proche de la famille se chargea de mélanger la poudre de henné avec de l'eau pour la transformer en une pâte qu'elle appliqua sur la paume des mains de ma mère, ainsi que sur ses ongles et ses pieds. Elle enveloppa ensuite ces parties dans un morceau de tissu pour maintenir le tout. Ma mère devait le garder toute la nuit et ne le retirer que le lendemain afin que le henné passe d'une couleur verte à une teinte orangée. C'est un symbole de baraka, de chance. Devant Aïcha se trouvait une table basse ronde sur laquelle étaient posés des œufs, symboles de fécondité, mais aussi des pains de sucre, symbole de chance, et du lait pour la pureté. Elle portait une robe traditionnelle blanche, très simple, sans motifs et à manches longues. Son visage était recouvert d'un voile blanc transparent, elle était émue et silencieuse. D'autres femmes s'occupaient des repas, qui respectaient la religion musulmane : il n'y avait pas d'alcool.

Ahmed fit la même chose de son côté, mais avec plus de simplicité. Un proche lui mit du henné sur la paume de chaque main sans envelopper le tout, et mon père le retira à la fin de la soirée. Les hommes formèrent une ronde autour du marié, entamèrent un chant traditionnel sans instrument, appelé Arazik, puis se mirent à dîner. Aujourd'hui encore, je ne sais pas ce que mon père a ressenti à ce moment-là, il ne me l'a jamais exprimé. Il m'a juste dit qu'il avait le cœur lourd, et qu'il lui manquait une personne… Sa mère.

La cérémonie continua avec la famille les deux jours suivants. Les femmes dansaient, chantaient, discutaient. C'était un moment de retrouvailles pour échanger parfois sur les ragots du village.
Le dernier jour, mon père partit de chez lui accompagné de sa famille et se rendit chez ma mère pour la récupérer. Elle était maintenant devenue sa femme. Il fut accueilli avec du lait et des dattes.

Les larmes se mirent à couler sur le visage d'Aïcha, elle prit conscience qu'elle allait quitter son foyer, sa famille, ses parents. Une nouvelle vie commençait pour elle, sans qu'elle sache réellement si elle serait heureuse. Un moment fort en émotions.

Mes parents s'installèrent chez mon grand-père paternel. À l'époque, les fils ne quittaient pas la maison lorsqu'ils se mariaient. Cela ne dérangeait pas ma mère, ça faisait partie des coutumes, c'était normal, et elle n'avait pas le choix de toute manière. Elle s'était rendu compte de la situation dans laquelle ses beaux-frères et belles-sœurs se trouvaient depuis la mort de leur mère et en était peinée.

Mes parents étaient très complices, mon père taquinait beaucoup ma mère, ils avaient une relation de jeunes mariés. D'ailleurs, il n'a jamais réellement arrêté de la charrier ou de lui faire des farces, comme cette fois au Maroc, au début de leur mariage, où il est allé chercher un seau d'eau pour le renverser sur la tête de ma mère alors qu'elle était assise à discuter avec ses belles-sœurs. Elle en avait parfois marre, elle lui disait qu'il se comportait comme un enfant, mais mon père en riait. Quand la chanson de Khaled, « Aïcha », est sortie, mon père la lui chantait sans cesse. « Aïcha, Aïcha, écoute-moi… » Ça a duré des années et ça la faisait rire. J'ai toujours aimé les entendre se taquiner. Mon grand-père maternel était instituteur. Mon père a donc toujours pris un malin plaisir à la charrier aussi sur la période où ils étaient dans la même classe :

— « Aïcha, Aïcha, viens te mettre à côté de la fenêtre, il fait chaud aujourd'hui. Aïcha par-ci, Aïcha par-là », imitait-il en riant.

— Ahmed, arrête de mentir ! répondait-elle le sourire aux lèvres.

— Tu étais la chouchoute du maître vu que tu étais sa fille, un point c'est tout.

Ma mère démentait en riant. Mes sœurs et moi n'avons jamais su qui disait la vérité, mais nous savons en revanche que mon père aime bien en rajouter quand il s'agit de taquiner sa femme.

Mon père fit des allers-retours au Maroc en attendant

qu'elle puisse le rejoindre en France. Quand il repartait, elle devait attendre à chaque fois un an pour le revoir. Mais elle patientait. C'était normal pour elle. Je ne sais pas si mon père lui manquait beaucoup ou non, si elle était vraiment amoureuse. Quand je lui posais la question, elle répondait par un silence, puis changeait de conversation. Je n'insistais pas plus. J'ai parfois l'impression qu'ils ont plutôt construit et fait grandir cet amour au fil des années. Pendant que mon père était en France, elle s'occupait de ses beaux-frères et belles-sœurs. Au départ, elle n'y arrivait pas. Elle était jeune, extrêmement fatiguée, et c'était trop de travail pour elle. Elle y réfléchit une nuit, après une journée épuisante. Elle prit conscience que prendre soin de ces jeunes enfants devenus orphelins de mère était sa mission, sa destinée. Elle se ressaisit et se dit qu'elle en était capable. Le lendemain, elle se réveilla en se sentant un peu coupable d'avoir eu l'envie d'abandonner ces enfants. Elle ne les voyait plus comme une charge de travail, et pensa qu'elle n'était pas là pour eux par hasard. Depuis, elle n'a jamais arrêté de prendre soin d'eux avec cœur. La fatigue n'a jamais pris le dessus sur la puissance de son cœur, devenu son moteur.

Mon père endossa le rôle de responsable de famille, avec pour mission de subvenir aux besoins de ses proches, les aider à construire leur vie et les rendre autonomes. Il envoyait alors l'argent qui lui restait

Devenu Marocain résident à l'étranger

après avoir payé ses charges à sa famille. Il décida également de franchir une nouvelle étape en passant son permis, et il l'obtint facilement. Il acheta sa première voiture, une Peugeot 404 blanche, d'occasion auprès d'un particulier. Elle a été un symbole de liberté et d'indépendance pour toute une génération, y compris pour mon père, qui en garde un souvenir palpable. Il la conduisait avec tant de fierté ! Je sais qu'il lui arrivait de faire la course avec ses copains qui possédaient aussi une voiture. Mais ils évitèrent de peu l'accident un jour, à cause de la vitesse, et mon père prit peur et arrêta ce genre d'amusement, comme s'il venait enfin de prendre conscience qu'il se mettait en danger et aurait pu y laisser sa vie.

C'est avec cette 404 que mon père fit son premier voyage vers le Maroc par la route, en passant par l'Espagne. Lorsqu'il arriva dans le quartier de Ait Youssef, tout le monde regarda cette voiture. Les villageois la voyaient comme la preuve qu'Ahmed avait réussi, il avait réalisé son rêve. Ils avaient tellement peu de moyens et étaient de ce fait si éloignés de la vie matérielle que c'était forcément un synonyme de réussite à leurs yeux. Mais ces gens ne savaient rien de sa situation en matière de logement, ni du nombre d'heures qu'il passait à travailler.

Après quelques mois dans la baraque qui se trouvait à l'usine, mon père décida de changer encore de logement pour rejoindre son oncle, qui avait quitté le bidonville et cette baraque avec très peu de place. Le nouveau logement était insalubre aussi, comme si c'était devenu normal, mais c'était une maison partagée en plusieurs appartements, il y avait plus d'espace. Ceci lui permit donc d'entamer les démarches de regroupement familial en 1977 pour faire venir ma mère du Maroc, mais aussi ma sœur Fatima, qui était née en 1976.

Il avait un revenu, un logement d'une superficie suffisante, les conditions requises étaient là, mais les démarches furent très lentes. Le président de la République de l'époque était Valéry Giscard d'Estaing, plusieurs décrets autorisant le regroupement familial passaient et étaient ensuite annulés. C'était très compliqué. Le regroupement familial et l'immigration devenaient des sujets majeurs en France, sans cesse remis en question. En 1981, François Mitterrand fut élu président de la République française et les choses devinrent plus faciles pour les immigrés, considérés comme chez eux.

Son cocon familial

En 1981, presque huit ans après leur mariage, ma mère s'installa en France avec ma sœur Fatima, qui avait cinq ans.

Ils prirent l'avion pour la première fois tous ensemble, mon père était très heureux de les avoir enfin à ses côtés, et il les emmena dans ce logement insalubre. Ma mère fut choquée des conditions dans lesquelles son mari vivait. Il ne le lui avait jamais confié. Il lui montrait des photos de lui à la gare, près des trains, dans les rues de Paris, devant de grosses machines à son travail, mais jamais dans les logements. Une femme âgée d'environ cinquante-cinq ans vivait en face. Elle était bienveillante envers la famille. Elle orientait et aidait mon père dans ses tâches administratives, proposait à chaque fois des bonbons à Fatima et prenait constamment des nouvelles de ma mère, qui ne se sentait pas en sécurité ici. Mon père la rassura : quelques mois plus tôt, il avait anticipé et décidé de rechercher un nouvel appartement, car il était inquiet à l'idée de faire vivre sa famille dans celui-ci.

Malgré le temps qu'il consacrait à cela, il ne trouvait rien. Un matin, il se confia à la secrétaire de l'usine, avec qui il avait l'habitude d'échanger quand il venait récupérer des documents administratifs. Marcel, son patron, passa devant eux et, voyant mon père préoccupé, il lui demanda s'il allait bien. Mon père lui expliqua la situation et lui avoua être soucieux à cause de sa recherche d'un nouveau logement. Son patron décida de l'aider.

— Maria, appelez la mairie et accompagnez-le dans les démarches. Trouvez-lui un logement dans les environs.

— Très bien, je m'en occupe.

— Merci, patron, répondit mon père, soulagé et reconnaissant.

— Ne t'en fais pas, Ahmed, nous allons trouver une solution.

Quelques semaines après l'arrivée de ma mère et de ma sœur en France, ils emménagèrent dans leur nouveau logement. Une employée de la mairie leur avait déniché un F3 en pleine cité, dans un immeuble HLM de neuf étages, près de l'usine où il travaillait. Ici, les balcons étaient fleuris, et il y avait de grands terrains de tennis juste en face. Ma mère trouva l'endroit propre et beau. Elle fut soulagée et retrouva le sourire.

Cela avait été dur pour elle de quitter son village, ses racines, son environnement, ses frères et sœurs, et surtout la compagnie de ses parents, qu'elle aimait tant. Quand ma mère et ma grande sœur Fatima sont arrivées en France, mon père les a accompagnées dans ce changement de cadre de vie. C'était à leur tour de passer d'un village avec des maisons en terre à la banlieue parisienne. Un vrai bouleversement pour elles.

Mon père souhaitait que ma mère retire son voile pour se fondre dans la masse. Il avait enfin trouvé un logement convenable, et elle était la seule femme à le porter dans la cité. Il avait entendu parler de plusieurs faits de violences à l'égard d'immigrés et il tenait à protéger ma mère, pour lui éviter de subir ça. Lui-même avait souffert des regards pesants, méfiants à son égard. Il refusait qu'elle vive ça à son tour. Il avait peur d'attirer des personnes racistes. Il ne voulait pas d'histoires. Mon père n'avait pas le même niveau de foi que ma mère. Pour lui, ce n'était pas si grave si elle le retirait. Mais ma mère s'affirma clairement à ce sujet : elle souhaitait rester elle-même et ne pas faire semblant, juste par peur du regard des autres. Elle a toujours été confiante et fière, et elle estimait qu'on devait l'accepter telle qu'elle était. Elle trouvait que les propos de son mari ne dénotaient pas un grand courage. Elle refusa catégoriquement de l'enlever, et mon père finit par se résigner. Il ne pouvait pas l'obliger, ma mère était bien déterminée à le garder. Cela faisait partie d'elle, de son identité.

Les regards pesants, mon père en avait tellement subi! Il se souvient de ce jour où il s'était rendu dans un magasin pour acheter un manteau onéreux que Fatima avait choisi. Il avait payé par chèque, et le vendeur l'avait fait patienter pendant un très long moment. Le temps pour le personnel de faire des recherches. Ils avaient même appelé la banque de mon père et le commissariat pour savoir s'ils prenaient un risque en encaissant son chèque. Mon père ne comprenait pas ces réactions.

« J'étais vu comme un arabe pauvre, incapable d'acheter un vêtement considéré comme cher, alors que je travaillais et voulais simplement faire plaisir à Fatima. C'était humiliant. Je l'ai payé et suis parti sans faire d'histoires. »

Les immigrés étaient rares dans cette cité : 90 % de Français et seulement quatre familles immigrées en plus de la nôtre. Ma mère avait l'habitude d'être entourée au Maroc, car elle vivait avec sa belle-famille. Elle aimait retrouver ce vivre-ensemble dans un immeuble, elle ne se sentait pas isolée. Même si elle ne maîtrisait pas la langue française, elle avait toujours ce sourire aux lèvres dès qu'elle croisait ses voisins. C'était une manière d'échanger, un langage universel. Elle rencontra des gens gentils et polis. Ils se saluaient, étaient attentionnés les uns envers les autres, ils lui retenaient la porte de l'ascenseur. Ce qu'elle appréciait le plus était leur bienveillance à son égard.

Un matin, elle prit l'ascenseur avec Fatima pour l'emmener à l'école. Dans le hall, elle s'aperçut qu'elle n'avait pas emporté de parapluie, alors qu'il pleuvait des cordes. Elle décida de retourner le chercher et demanda à Fatima de ne pas bouger du hall, le temps qu'elle revienne. En remontant, l'ascenseur se bloqua. Ma mère prit peur pour sa fille, qui était seule en bas, mais elle ne savait comment l'exprimer en français. Elle frappa plusieurs fois à la porte avec le poing pour qu'on l'entende. Elle était enceinte de sa deuxième fille et complètement paniquée. Elle arriva juste à crier :
— Ma fille, ma fille, en bas !
— On va vous aider, madame Aïcha, calmez-vous, répondirent les voisins.
Elle continuait malgré tout à crier :
— Ma fille, ma fille !

Les voisins la rassurèrent et finirent par réussir à la sortir de là. Elle courut vers Fatima et vit qu'une voisine était restée auprès d'elle en attendant qu'elle sorte de l'ascenseur. Ma mère remercia cette dame, la prit dans ses bras et aima encore plus les Français.

Les voisins savaient qu'elle venait d'arriver en France. Un matin d'hiver, alors qu'il faisait très froid, elle emmena Fatima à l'école vêtue de sa djellaba. Une voisine la croisa et l'observa, surprise de cette tenue qu'elle trouvait légère et pas adaptée à la météo. Elle ne lui dit rien sur le moment, mais en parla plus tard avec mon père, qui avait plus de facilité avec le français :

— Votre femme ne devrait pas sortir comme ça, monsieur. Il fait trop froid, il faut que vous lui achetiez un manteau. Elle risque de tomber malade.

— Elle vient d'arriver, nous n'avons pas encore eu le temps de faire les boutiques. Mais cette djellaba n'est pas qu'une robe. Les Marocaines la portent au-dessus de leurs vêtements, comme un manteau, même en plein hiver.

— Je comprends, mais les hivers sont très froids ici. Vous devriez vraiment lui acheter un manteau.

Mon père la remercia, surpris et touché de sa bienveillance, et lui promit :

— La prochaine fois que vous verrez ma femme, elle en portera un !

Ma grande sœur Fatima, elle, a mal vécu son départ du Maroc. Elle a quitté un environnement qu'elle aimait énormément, où elle était proche de la nature, des animaux, où elle pouvait jouer sans déranger les voisins. Tout le monde vivait ensemble, dans ce grand patio entouré de chambres avec chacune sa salle d'eau intégrée et une cuisine partagée. Fatima était une bonne vivante, très proche de mes tantes, en particulier d'Aïcha, et de ses cousins et cousines qu'elle a dû quitter. Elle aimait courir et s'amuser. Elle était libre. La transition a été brutale pour elle dans cet appartement où elle se sentait enfermée.

À l'école, en grande section de maternelle, dès qu'elle voyait un oiseau ou un autre animal en cage, elle lui ouvrait la porte pour lui redonner sa liberté. Ce geste reflétait son état d'esprit et sa volonté de retourner au Maroc pour, elle aussi, retrouver cette liberté. Mon père était régulièrement convoqué par la directrice. Il se sentait impuissant. Quoi qu'il fasse pour l'aider à s'adapter, il n'y arrivait pas, et ma mère non plus. Fatima ne s'épanouissait pas, c'était une vie différente, qu'elle n'aimait pas, et elle l'exprimait en faisant des bêtises pour attirer l'attention. Quand ils se rendaient au Maroc, par exemple, pendant les vacances scolaires, elle se cachait le jour où il fallait rentrer en France, et mes parents mettaient des heures à la retrouver.

À cela s'ajoutaient ses lacunes scolaires. Mon père n'avait pas la patience pour l'aider dans ses devoirs. Ma mère prenait le relais sur ce qu'elle connaissait, le calcul notamment, mais ça ne suffisait pas. Mon père eut l'idée de faire appel à un professeur qui vivait dans la cité pour du soutien scolaire. La première fois que ma sœur mit les pieds chez cet homme, elle découvrit qu'il avait une dizaine de chats. Elle observa autour d'elle avec beaucoup de curiosité, fronça les sourcils, et scruta le professeur. Grâce à cette rencontre, elle commença à s'apaiser. Cet homme sut s'adapter à elle, l'écouter, la comprendre et l'aider. Il lui redonna le sourire et confiance en elle grâce à des exercices. Mais pas que ! Il lui répétait souvent : « Tu es capable, tu peux y arriver, Fatima ! »

Au fur et à mesure des cours et des exercices, elle comblait ses lacunes et se sentait plus confiante et capable. Il avait su trouver les mots et lui donner goût à l'apprentissage. Aujourd'hui encore, ma sœur se souvient avec beaucoup d'émotion de ces mots forts qu'il lui adressait : « Tu es capable. »

Mon père était à leurs côtés pour les accompagner et faisait de son mieux. Il les emmena découvrir Paris, la tour Eiffel, les Champs-Élysées. Fatima eut droit au sapin de Noël à la maison. Mon père voulait qu'elle se sente comme les autres enfants à l'école et qu'elle puisse raconter à ses camarades de classe qu'elle avait eu un cadeau à Noël. Ce n'était certes pas notre fête, mais il estimait que c'était important pour son bien-être. C'est la seule d'entre nous à avoir connu la fête de Noël à la maison. Fatima commença à s'ouvrir de plus en plus, même si la vie qu'elle avait laissée lui manquait toujours.

Mon père s'occupait également des démarches administratives et des rendez-vous scolaires. L'analphabétisme de ma mère était un obstacle pour ces tâches, alors elle était présente d'une autre manière. Elle organisait les activités du mercredi après-midi, quand nous n'avions pas école. Dès qu'il faisait beau, on allait pique-niquer au parc. On confectionnait des colliers, des bracelets. On regardait ma mère faire avec des yeux émerveillés. À partir de petites perles colorées, elle arrivait à confectionner un bracelet crocodile. Elle ne s'est jamais sentie complexée ou inférieure à cause de ses difficultés en français. Elle nous emmenait à l'école, venait nous récupérer, nous préparait de bons plats remplis d'amour, elle faisait partie des parents accompagnateurs pour les sorties scolaires, les balades en forêt pendant la période où nous allions cueillir des marrons ou des jonquilles. Elle était présente pour nous.

Je dis «nous», car mes parents ont eu trois autres filles entre 1981 et 1989, dont moi. Quatre filles. C'était un travail à temps plein pour ma mère. Elle commençait très tôt et terminait tard. Elle a occupé le poste de nourrice, plus tard, lorsque nous étions adolescentes, mais elle le dit souvent : le plus beau métier à ses yeux est celui de femme au foyer, d'épouse et mère aimante, dévouée à sa famille. Elle l'assume complètement. Certaines voisines qui passaient la voir pour prendre le thé lui conseillaient de ne pas se contenter de rester à la maison, un peu comme si ce qu'elle faisait n'était pas important. Ma mère s'en moquait totalement, elle savait que s'occuper de son foyer était le bon choix pour elle. Personne ne pouvait la faire douter.

Mes parents ont trouvé leur équilibre de cette manière. Mon père avait besoin d'être soutenu, épaulé et d'avoir une présence à la maison pour leurs enfants. Ils partageaient la même vision. Ce sont deux piliers, avec des rôles différents et des caractères complémentaires. Mon père, plutôt soucieux, et ma mère, sa coéquipière, qui a su apporter du lâcher-prise, du «je-m'en-foutisme». Je l'entends encore nous répéter «je n'en fous», avec cette petite faute bien à elle, pour nous inciter à laisser couler, à moins nous inquiéter.

C'est vrai que mon père travaillait dur. Une partie de ses économies lui permettait de subvenir aux besoins de ses proches, comme se vêtir et se soigner. En ce qui concerne la nourriture, ils consommaient principalement des produits qu'ils cultivaient. Une

Son cocon familial

autre partie de ses économies allait à l'un de ses frères, pour qu'il puisse étudier à l'université d'Oujda, la plus proche de Tafersit. Afin qu'il poursuive ses études, mon père le fit ensuite venir en France. Aujourd'hui, il est gérant d'une entreprise dans l'événementiel.

Mon père a toujours répondu présent pour tout ce qui pouvait aider ses frères et sœurs à progresser. Comme le jour où deux de ses frères eurent cette opportunité de devenir gérants. Il leur acheta un local pour y vendre des chaussures de sport. C'était tellement petit qu'il n'y avait de la place que pour des étagères fixées au mur, une vitrine devant et une chaise haute derrière, mais ça suffisait pour développer un business. Cette boutique existe encore, elle se trouve dans une galerie commerciale, dans le souk de Tétouan, au nord du Maroc. Toute la marchandise est importée de Melilla, une ville autonome espagnole.

Quand ils partirent à Tétouan, leur grand-oncle, qui avait immigré en Belgique, les logea pendant quelques années dans sa maison, à deux pas de la boutique. Il avait construit une maison suffisamment grande pour les recevoir en attendant qu'ils aient un revenu et deviennent assez autonomes pour avoir leur propre logement. Ce grand-oncle avait été très affecté par le décès de ma grand-mère et voulait les aider à sa manière. C'était un homme sensible et plein de bonté. Cet élan d'entraide et de solidarité fut une force pour mon père et ses frères.

Le seul frère resté à Tafersit travaillait dans le moulin à farine, qu'il avait repris après le départ de mon père pour la France. J'étais impressionnée quand j'allais le voir l'été, pendant nos vacances scolaires, par la machine qui avait été assemblée par des Américains, me disait-il. Je la trouvais immense. Mon oncle était toujours couvert de poudre blanche, je le saluais de loin pour ne pas me salir, il en avait même sur la moustache. Mon père me racontait avec fierté qu'il y travaillait avant, et ma mère me disait que certaines filles venaient parfois exprès pour le voir.

Ses sœurs se sont mariées jeunes, elles étaient prises en charge par leurs époux respectifs, qui faisaient ce qu'ils pouvaient, car ils étaient pauvres. Les femmes n'avaient pas la même place que les hommes. Dès que l'occasion se présentait, elles devaient se marier, construire leur cocon familial et devenir un autre pilier avec un rôle de femme au foyer. Mes tantes sont d'une gentillesse incroyable. Elles nous ont chouchoutées pendant longtemps.

Tout au long des étapes de la vie, qu'il s'agisse de ses frères, sœurs, neveux ou nièces, mon père a tenu à financer les événements familiaux, comme les mariages, les baptêmes, les fêtes religieuses, et même leur scolarité. Il faisait son possible pour les accompagner en leur offrant les moyens et les meilleures conditions pour réussir. Malheureusement, l'aide financière de mon père ne suffisait pas. Plus les années passaient, plus l'activité commerciale devenait difficile au moulin à farine et à la boutique de Tétouan. Les clients se faisaient rares, le chiffre d'affaires diminuait.

Mon grand-père s'était remarié une deuxième fois, mon père devait donc s'occuper également de ses nouveaux demi-frères et demi-sœurs en bas âge. Il ne se disait pas que ce n'était pas à lui de les prendre en charge, que c'étaient des demi-frères et sœurs dont il n'était en rien responsable. Au contraire, les aider était un challenge pour lui et il se sentait capable de porter sa famille, celle dans laquelle il avait grandi et celle qu'il construisait. Et ma mère était à ses côtés pour le soutenir.

Nos départs au bled

Tous les deux ans, pendant les vacances scolaires, nous prenions la route pour nous rendre au Maroc. C'était LA destination de l'été. Un moment que nous attendions avec impatience. Nous ne faisions jamais la route seuls. Nous voyagions à deux ou trois voitures, avec mes grands-oncles, accompagnés de leurs femmes et de nos cousins et cousines.

Il ne fallait rien oublier. Les préparatifs démarraient plusieurs semaines à l'avance. Mes sœurs et moi devions faire le tri dans nos vêtements pour les donner à nos cousins et cousines qui vivaient au Maroc et n'avaient pas les moyens de s'en procurer. Mon père, lui, s'occupait d'acheter des vêtements neufs et des chaussures au marché, où il y avait de bonnes affaires. Il fallait aussi, en plus de tout cela, acheter des produits d'hygiène, des sachets d'amandes, de pistaches, de cacahuètes, des bonbons à la menthe, des fournitures scolaires pour la rentrée, du thé, des grains de café… Comme si ça n'existait pas au Maroc. Mais ça n'avait apparemment pas le même goût. Les cadeaux prenaient plus de place que nos propres affaires dans la voiture.

Ma mère nous aidait à faire nos valises dans une ambiance assez enthousiaste. Nous y mettions des robes longues, des robes de maison suffisamment amples, que nous avions achetées au Maroc pour supporter la chaleur. La veille du départ, ma mère s'occupait de préparer la nourriture pour le voyage. Elle remplissait une glacière de viande hachée qu'elle enveloppait dans du papier aluminium. Elle y rangeait aussi des sandwichs et deux poulets entiers, marinés et cuits au four. Dans une autre glacière se trouvaient les boissons. Sans oublier les thermos de thé à la menthe et de café. Mon père pensait toujours à acheter son sachet de bonbons à la menthe Vichy, qu'il glissait dans sa portière. Il aimait en manger quand il conduisait, comme si la fraîcheur de ces bonbons l'aidait à se tenir éveillé. C'était indispensable.

Lorsque la nuit tombait, c'était l'heure de charger notre véhicule. Nous rassemblions tous les bagages dans le salon, ça ressemblait beaucoup à un déménagement. Nous bloquions la porte de l'ascenseur, nous y mettions les bagages, que nous laissions descendre au rez-de-chaussée. L'une de nous s'occupait de les récupérer, et mon père s'activait à remplir avec ingéniosité le coffre de la voiture, stationnée devant le bâtiment. Tout devait rentrer. Il savait à chaque fois par quoi commencer pour optimiser l'espace. Ensuite, il passait au toit, pour y caser tout ce qui ne tenait pas dans le coffre. Une partie allait aussi sous nos jambes. À la fin, il recouvrait le tout d'une bâche

Nos départs au bled

bleue et mettait une première corde puis une seconde jusqu'à ce que cela soit bien attaché, puis rajoutait des cadenas. Nous prenions un dernier repas chez nous, le réfrigérateur était vidé, le congélateur débranché, la maison nettoyée, et nous allions nous coucher. Le départ devait se faire très tôt pour éviter les bouchons. Mon père était toujours stressé ce soir-là, et il dormait très peu.

Ma mère nous réveillait à quatre heures du matin. Contrairement au lever matinal pour l'école, le réveil était facile. Il ne nous restait plus qu'à faire notre toilette, prendre notre petit déjeuner, puis nous habiller. Avant de quitter l'appartement auquel nous disions au revoir avec mes sœurs, mes parents priaient et vérifiaient une dernière fois le contenu de la pochette en Skaï : nos papiers d'identité et l'argent. Personne ne devait quitter cette pochette des yeux. Dernier coup de clé dans la serrure, nous étions enfin prêts à partir. Nous chuchotions pour ne pas réveiller les voisins. Il nous arrivait même de nous chamailler en chuchotant ! Puis nous descendions retrouver cette Renault 21 Nevada grise qui n'attendait que nous.

Silence total dans la cité. Pas un seul bruit, hormis celui du moteur de la voiture, prête à prendre la route. Mon père donnait rendez-vous à ses oncles à un point de rencontre pour commencer notre périple, qui allait durer trois jours. Il fallait patienter jusqu'à ce fameux premier péage pour voir mon père plus détendu. Il s'exclamait alors : « Ça y est, c'est bon, c'est parti ! »

Nous voyions beaucoup de voitures avec cette bâche bleue. Nous étions dans la bonne direction, aucun doute. Mon père était concentré, les deux mains sur le volant, le regard fixé sur la route. Il vérifiait également les rétroviseurs pour voir si les autres suivaient bien, car il nous arrivait de nous perdre. Nous devions alors faire tout un détour pour nous retrouver, et sans GPS à l'époque ! J'observais les autres voitures, elles aussi en route vers leur pays d'origine. Chaque famille avait sa manière de voyager. Certaines avaient des chaises en plastique, des réfrigérateurs, des lavabos sur le toit, et parfois tout ça dépassait même de plus d'un mètre ! Dans certaines voitures, des rideaux avaient été installés aux vitres, pour protéger du soleil. Nous, nous avions opté pour des serviettes, accrochées en guise de pare-soleil. Dans d'autres, ça se chamaillait à l'arrière. Tout ce que j'observais était un réel spectacle en plein air. Je m'occupais comme je pouvais, je lisais, dessinais, écoutais de la musique. Mais plus les heures passaient, plus la fatigue se faisait sentir. Nous avions prévu des oreillers pour nous apporter un peu de confort pour dormir, ou alors nous posions notre tête sur les cuisses de ma mère, qui restait parfois entre nous à l'arrière pour éviter les chamailleries entre sœurs quand nous étions petites.

Avant d'arriver au port d'Algésiras en Espagne, nous faisions des arrêts fréquents sur les aires de repos, lorsque mon père ou l'un de ses oncles commençaient à ressentir de la fatigue. Les voitures stationnaient les unes à côté des autres, en laissant assez d'espace entre chaque pour que nous puissions nous asseoir sur un plaid que nous mettions au sol pour y manger. Nous nous créions également un abri grâce à un drap que mon père et mes grands-oncles accrochaient au-dessus de nous. Un vrai campement de fortune. C'étaient des génies, ils avaient la technique. Chaque famille posait fièrement ce qu'elle avait préparé ainsi que le réchaud pour ce qui ne pouvait se manger froid, ou même pour cuisiner ou faire bouillir de l'eau pour remplir un thermos de thé. Nous achetions le café à la station. C'étaient des pique-niques sur le bitume. Le voyage coûtait cher vu que nous étions plusieurs. Mon père préférait garder son argent pour le dépenser au Maroc.

Nous profitions de cet arrêt pour faire notre toilette, et les adultes faisaient leurs ablutions et leurs prières. Je m'amusais avec mes cousins et cousines sous la surveillance de ma mère pendant que mon père dormait. Ma mère et mes tantes, elles, n'arrêtaient pas de parler, elles avaient toujours des choses à se dire. Parfois elles chuchotaient, d'autres fois elles

riaient. Je ne voyais jamais ma mère s'endormir, elle n'était jamais fatiguée ou alors elle le cachait bien, sachant qu'elle s'assurait également que mon père ne s'endorme pas au volant. Quand il se réveillait après s'être bien reposé, il était enfin disponible pour passer du temps avec mes sœurs et moi. Nous prenions des photos, et il me demandait :
— Vous vous amusez bien ?
— C'est super, papa ! Tu peux nous acheter une glace ?
— Bien sûr, ma fille. Prends les sous et demande à tout le monde qui en veut.
Ce voyage me donnait une sensation de liberté, c'était l'aventure. Un moment fort en famille, que nous renouvelions tous les deux ans.

Après avoir traversé la France, nous arrivions enfin en Espagne. Les routes étaient différentes, sinueuses, les paysages montagneux et désertiques. Une forte chaleur se ressentait dans nos véhicules non climatisés. Nous passions toujours par l'Espagne, mais nous ne sommes jamais entrés en ville, nous n'en avons vu que les routes, les stations-service, les aires de repos, et ce panneau noir en forme de taureau. Nous connaissions deux expressions, que nous utilisions souvent sur les aires de repos : «botella de agua» et «café con leche por favor». Quand nous étions adolescentes, nous jouions chacune notre tour le rôle de traductrice avec les Espagnols sur les aires, et nous lisions les panneaux plus vite que mon père, pour l'aider à suivre le bon chemin. Nous nous battions pour nous mettre à côté de lui. Le siège passager était la meilleure place.

Une fois au port en Espagne, nous avions l'impression de retrouver tous les Marocains de France, mais aussi d'Europe. Nous pouvions voir des immatriculations hollandaises, belges et allemandes principalement. Le voyage se poursuivait sur le paquebot, que nous attendions pendant des heures, pour traverser la mer et enfin arriver au Maroc. Pendant que nous passions la douane sans problème, d'autres véhicules étaient tellement chargés qu'ils étaient arrêtés sur le côté. Nous voyions les douaniers espagnols fouiller les coffres, que certains vidaient à leur demande.

La traversée jusqu'au port de Nador durait environ huit heures. Mon père nous prenait une cabine ou parfois juste des fauteuils en fonction du prix des billets. Il passait une grande partie du trajet à dormir pour se reposer de tous ces kilomètres parcourus. Pour mes sœurs et moi, c'était l'occasion de nous laver. Nous retirions nos vêtements froissés, et ma mère nous coiffait et nous faisait porter de nouveaux vêtements, plus présentables.
Bizarrement, nous n'étions pas fatiguées, alors nous allions frapper à la porte de la cabine de mes cousins, puis nous promener sur ce grand bateau. Il était

facile de s'y perdre, il y avait plusieurs étages. Nous rencontrions des familles que nous ne reverrions jamais, mais avec qui nous discutions et faisions connaissance. Nous partagions la même expérience. Des personnes s'endormaient dans les salles où se trouvaient des fauteuils, d'autres à même le sol, tellement la fatigue était présente.

Nous aimions nous mettre sur le pont pour voir l'immensité de la mer, c'était impressionnant. Nous apercevions les côtes marocaines au loin. Au moment du débarquement, nous devions nous armer de patience. Il fallait passer la douane pour obtenir un tampon sur le passeport, mais tous ces véhicules devant nous attendaient également. Pourtant, une joie immense s'installait dans nos cœurs : ça y est, c'était la dernière ligne droite, nous arrivions enfin sur le sol marocain ! Nous allions reprendre la route. Plus que quelques heures avant d'être à la maison. Notre deuxième maison.

L'arrivée était imminente. Nous le savions, nous avions nos repères : le souk de Tafersit, la station-service, la route sinueuse, les champs de mon grand-père, l'épicerie, et le grand portail bleu, déjà ouvert. Toute la famille était là, à nous attendre. Tous heureux de nous revoir, les visages souriants. Quelques voisins sortaient, nous étions reçus chaleureusement. Même si nous arrivions très tard dans la nuit, ils se levaient tous, petits et grands, pour nous accueillir. Nos vacances dans le Rif étaient exceptionnelles et allaient enfin commencer.

Nous nous prenions dans les bras, nous nous faisions la bise une fois sur une joue, puis deux fois sur l'autre. Mes tantes me bloquaient la respiration tellement elles me serraient fort. Nous entrions par cette petite porte bleue qui donnait sur le grand patio où les murs étaient peints de deux couleurs, la moitié du haut en blanc et la moitié du bas en bleu. Un oncle y vivait, celui qui avait repris le moulin à farine, avec sa femme et ses enfants. À côté de la chambre de mon oncle se trouvait celle de la deuxième femme de mon grand-père et de ses trois enfants, et, un peu plus loin, dans le second patio, la chambre de mon grand-père, sa nouvelle épouse et ses deux enfants. Mes parents avaient également la leur. Quand nous étions petites, mes sœurs et moi dormions avec eux sur plusieurs couches de couvertures au sol, jusqu'à ce que mon père construise notre propre maison quelques années plus tard. Il y avait toujours cette cuisine partagée, et un poulailler et trois vaches à l'extérieur du patio.
Mes cousines et mes tantes s'activaient en cuisine, elles savaient que nous avions faim après ce long voyage. En attendant, nous nous asseyions timidement au sol, sur des peaux de mouton, dans ce patio en plein air, autour

d'une petite table basse ronde en bois, pendant que mes parents continuaient à échanger avec la famille et des voisins. J'étais contente de tous les revoir, mais j'avais hâte de retrouver mon grand-père. Il faisait toujours son entrée au moment où nous étions assis, comme un artiste qui entrait en scène. J'étais sa chouchoute, il était si gentil. Je me précipitais vers lui, heureuse de le revoir, et il s'exclamait, tout joyeux : « Oh, Nadia ino (ma Nadia)! Ça va? », puis il s'installait avec nous à table après nous avoir embrassés. Il était attentionné envers ses petites-filles. C'était lui qui se chargeait de m'acheter du pain à farine blanche au souk, car les femmes ne préparaient que du pain maison à la farine noire et je n'aimais pas ça, je le trouvais fade. J'étais la seule à ne pas en manger. En revanche, j'attendais avec impatience les frites faites par mes tantes, elles étaient tellement bonnes, elles avaient un goût différent de celles que nous mangions en France. Avant le repas, on nous apportait le lave-mains, appelé tass ou chellal selon le dialecte. C'étaient souvent les enfants qui s'en occupaient, ils passaient verser de l'eau comme si c'était un robinet portatif, et nous donnaient une serviette pour nous essuyer. Nous étions traités comme des princes et des princesses.

Je commençais par boire de l'eau de cette tasse en terre cuite que nous nous partagions, les verres n'étaient sortis que pour les événements. L'eau restait toujours très fraîche dans cette tasse et elle avait un goût différent, léger. Après avoir bien mangé et s'être hydratés, mon père, son frère et mes cousins s'occupaient de décharger la voiture. De notre côté, avec ma mère, nous rangions tous nos vêtements dans la grande armoire de notre chambre. Elle faisait le tri de ce qui allait être lavé, et nous mettions de côté les cadeaux que nous avions à offrir aux membres de la famille et aux amis de mes parents. Enfin, quelle que soit l'heure à laquelle nous arrivions, nous dormions pour nous reposer du voyage.

Les Marocains de France étaient rentrés au pays. Nous étions considérés comme des Français qui venaient séjourner dans le pays d'origine des parents. Un après-midi, alors que je me rendais à pied chez mes grands-parents maternels avec mon cousin, nous avons croisé une dame devant chez elle. Elle nous salua et demanda à mon cousin :
— Qui est cette fille ?
— C'est ma cousine de France, la fille d'Ahmed et Aïcha, lui répondit-il.
— Ah, ils sont là ?
— Oui, ils sont arrivés il y a quelques jours.
— Passe-leur le salam ! lui lança-t-elle, le sourire aux lèvres.
Puis elle me regarda, toujours souriante, et me dit :
— Que Dieu te protège, ma fille.

J'étais la fille de tout le monde au village. Parfois la future belle-fille des dames qui me connaissaient et qui m'imaginaient mariée à leur fils.

Quand nous allions au Maroc, mon père voulait que nous fassions preuve d'humilité et de partage. C'était la règle : ceux qui ont partagent avec ceux qui n'ont pas. Pour lui, il n'était pas imaginable de faire bande à part. Nous n'avions pas la même vie, la nôtre était plus facile en France, mais cela ne devait pas se voir. Alors nous nous fondions dans la masse, et nous le faisions de manière assez naturelle.

Les journées étaient ensoleillées et chaudes, les nuits plutôt fraîches. Le matin, chaque membre de la famille se levait à des heures différentes, et nous prenions notre petit déjeuner dans le calme, contrairement aux autres repas, autour de cette table ronde en bois. La théière était toujours présente en plus du café, une assiette d'huile d'olive, des œufs au plat du poulailler, et du pain fait maison, parfois un peu sec, mais ça ne gênait personne.

Mon père se levait tôt, il était heureux de revoir son père, sa famille et de retrouver ses amis. Certains avaient émigré, mais d'autres étaient restés vivre au Maroc. Il leur apportait également leurs cadeaux. En général, il optait pour une chemise à carreaux. Après son petit déjeuner, il partait faire quelques courses et acheter des sardines fraîches au souk. Il y allait parfois avec son père, ils s'arrêtaient au café et passaient un moment ensemble. Son frère travaillait toujours au moulin à farine, où il se rendait à moto. Pendant ce temps-là, les femmes de la maison s'occupaient des tâches ménagères. Elles étaient organisées et s'entraidaient. Tout cela dans une bonne ambiance et en musique. Une lavait le sol, l'autre la vaisselle. La tâche que je préférais, c'était de laver le linge. J'allais à une rivière pas loin avec mes tantes et cousines. En réalité, je m'amusais dans l'eau, je faisais des barrages avec les gros cailloux... Jusqu'à mon adolescence, où je dus les aider sérieusement. Chacune avait son rôle : l'une frottait avec une planche à laver, l'autre rinçait une fois, puis une autre une deuxième fois. Cela demandait de la force dans les bras. Nous achetions la lessive, Tide, à l'épicerie du village, qu'on appelle «hanout» dans notre dialecte. Beaucoup de familles manquaient tellement de moyens que cette lessive servait aussi à se laver les cheveux et le corps. Leurs cheveux devenaient secs, mais ils étaient propres.

Au village, ils n'avaient pas accès à l'électricité ni à l'eau courante. Ils étaient constamment avec des lanternes à la main la nuit. Ils ont dû attendre 1993. L'eau du puits servait pour la toilette quotidienne, le lavage des sols, la vaisselle ou encore pour préparer à manger.

J'aimais bien cette mission d'aller chercher l'eau au puits. Il était en hauteur, il fallait détacher la corde, faire descendre le seau jusqu'à entendre un «plouf», puis tirer lorsqu'il était dans l'eau. Je posais et poussais mes pieds vers le bas au bord du puits, ensuite je tirais, une main après l'autre, jusqu'à ce que mon corps s'incline vers l'arrière. J'étais trop petite et n'avais pas assez de force pour remonter le seau toute seule. Je me faisais aider par mes tantes ou mes cousines, elles étaient habituées. Pour nous laver, nous chauffions l'eau sur un réchaud, dans une bouilloire en acier, puis nous la mélangions avec de l'eau froide dans une grande bassine en acier aussi afin de la tiédir. Ensuite, nous faisions notre toilette dans un coin de la chambre séparé par un mur et qui faisait office de douche.

Mon père rentrait vers midi, allait poser les sardines dans la cuisine partagée, et les femmes s'occupaient de les préparer. Elles les vidaient, les lavaient, les passaient dans de la farine puis de la semoule fine avant de les faire revenir dans une poêle, avec de l'huile d'olive bien chaude, mélangée à de l'huile blanche. Parfois, les sardines étaient juste grillées. C'était meilleur. Avant le repas, c'était l'heure de la prière de Dohr. Les journées étaient rythmées par les moments de prière. Quand nous entendions le Adhan, l'appel à la prière lancé par Haj Abdellah pendant des années, tout le monde allait prier, en général les femmes à la maison, et les hommes à la mosquée. Nous passions à table lorsque tout le monde était rentré. Nous mangions pratiquement la même chose tous les midis : des sardines accompagnées d'une sauce préparée avec des oignons rouges, des tomates, de la coriandre et des épices. Il y avait toujours quelques assiettes de salade de concombres, tomates, oignons rouges, des olives, du pain. Sans oublier les frites maison, un vrai délice. En dessert, nous mangions de la pastèque et du melon.

Après le déjeuner, le calme régnait dans le village. Moins de voitures, moins de gens dehors, nous entendions le bruit des cigales. Cela annonçait l'heure de la sieste. Pendant que le village s'endormait sous cette chaleur de plomb, les femmes se rassemblaient parfois pour se raconter les ragots autour d'un bon verre de thé accompagné d'amandes.

Mes sœurs et moi n'avions pas envie de dormir, alors nous restions souvent éveillées avec nos cousins et cousines. Nous parlions en dialecte rifain entre nous, c'était notre langue commune. Nous allions jouer dehors, loin de ceux qui faisaient la sieste, pour ne pas les réveiller. Mes jeux étaient restés en France, nous nous prêtions donc à leur jeu qui consistait à jeter de petits cailloux, un peu comme à la pétanque. Enfin, je n'ai jamais vraiment compris, mais j'adorais parce qu'on rigolait bien.

Nous faisions aussi le jeu des mariés. Nous utilisions les bâtons des glaces que nous avions mangées pour fabriquer des personnages. Nous mettions les bâtons en croix pour former les bras, un de mes cousins était fort pour les attacher avec un morceau de tissu. Puis nous imaginions le mariage et une histoire, nous chantions. Quand nous en avions marre, nous prenions les quelques dirhams que mon père m'avait donnés, et nous allions au hanout pour acheter des Raïbi, une sorte de yaourt glacé. Un vrai délice rafraîchissant. Puis nous discutions, nous leur apprenions le français, nous nous racontions des histoires jusqu'à ce que la sieste des plus grands se termine. Des moments simples que nous aimions tous.

Tout le monde se réveillait juste avant l'appel à la prière de Asr, qui annonçait aussi l'heure du thé, toujours bien sucré. Pendant que le goûter se préparait, je sortais dans les champs avec mon père pour aller chercher la menthe. Je le tenais par la main quand j'étais petite, et nous en profitions pour ramasser des mûres. Plus grande, j'ai continué à y aller, avec mes sœurs et mes cousines, et nous remplissions des paniers. C'était une promenade agréable, j'étais entourée de champs de maïs, de potagers, de ruisseaux, d'oliviers et de gens simples. Ce cadre me donnait l'impression de vivre dans La petite maison dans la prairie, une série que j'aimais regarder en rentrant de l'école le midi.

Les garçons du village portaient une attention particulière aux jeunes filles venues d'Europe. Nous sentions leurs regards sur nous à chaque fois que nous sortions. Ils n'avaient pas le droit de nous approcher. Mes oncles et cousins n'étaient pas loin, pour nous protéger de ces garçons qui nous courtisaient de manière assez insistante et lourde. Certains faisaient preuve d'imagination pour nous transmettre un message sans nous parler directement. Je me souviens d'un jeune homme qui s'était mis à chanter en marchant derrière nous. Il racontait l'histoire d'une fille venue de France, qu'il trouvait belle mais ne pouvait pas approcher. Il rêvait d'elle tous les soirs et ne demandait qu'à lui parler. Je ne pouvais m'empêcher de rire. C'était à la fois gênant et marrant.

Certains jours, mon père nous emmenait à la plage. Nous étions toujours tous ensemble, avec mes cousins et cousines, et parfois les demi-frères et sœurs de mon père. C'était l'occasion pour eux, qui manquaient de moyens, de profiter aussi. Mon père ne laissait personne de côté. Le budget prévu pour les vacances n'incluait pas que ses enfants, il en faisait profiter tout le monde. Je n'ai jamais eu la sensation d'être envahie par les membres de la famille qui nous accompagnaient. Les bons moments passés ensemble développaient en moi l'importance d'intégrer cette valeur familiale dans ma vie.

Nous nous levions très tôt, car la plage était loin. La plus proche se situait à environ deux heures de route. Quand nous allions à celle de Saïdia, au nord-est du Maroc, nous mettions près de cinq heures. La veille, nous faisions tous nos sacs avec enthousiasme. Le matin, nous préparions des sandwichs au thon et à la tomate, et c'était parti.

Tous les deux ans, nous nous rendions au Maroc avec un nouveau véhicule. Cette année-là, nous montions dans le J5 de mon père. Il avait un problème de démarrage. Quand nous nous arrêtions, il fallait à chaque fois le pousser pour qu'il redémarre. Avant le départ en vacances, mon père avait offert un tee-shirt de Superman à ma mère, qu'elle porta pendant le voyage. C'était très marrant de la voir pousser le J5, avec mon oncle qui était venu avec nous cette année-là, et ce tee-shirt sur le dos. Mon père riait à chaque fois, nous riions tous, et ma mère accusa mon père de l'avoir fait exprès.

Sur la route vers la mer, nous mettions de la musique arabe et chantions les titres sortis pour l'été. Les deux heures passaient très vite. Une fois à la plage, nous posions nos serviettes sur le sable et nous nous installions. Certaines se mettaient en maillot de bain, d'autres nageaient avec leurs vêtements, car elles ne se sentaient pas à l'aise à l'idée de montrer leur corps. Nous nous amusions dans l'eau, tout le monde était joyeux. Nous mangions nos sandwichs faits maison, nous achetions des beignets sur la plage. Des violonistes souvent très âgés venaient jouer et chanter devant les familles pour gagner leur vie. Lorsque nous leur donnions des pièces, ils priaient pour nous : « Que Dieu te protège, exauce tous tes souhaits, t'apporte une bonne santé, te facilite à l'école, t'éloigne des gens mauvais… » Un jour, un violoniste m'a même souhaité d'avoir le dernier modèle de Mercedes ! Des vœux improbables. Ça m'avait bien fait rire. J'adorais cette ambiance. Les plages pouvaient être pleines, ça ne m'a jamais dérangée. J'avais toujours l'impression d'être en famille, comme si nous nous connaissions tous, grâce à ces sourires et ces conversations partagées sur la plage. Ces journées passaient vite. Après nous être bien amusés, nous nous préparions pour rentrer. Nous montions dans la voiture, pleins de sable, épuisés. Il n'y avait plus un bruit, nous nous endormions tous, les uns contre les autres.

De retour à la maison, il était l'heure de s'activer en cuisine pour dîner, et bientôt l'heure de la prière de Maghreb, au moment du coucher du soleil. Nos soirées se passaient en plein milieu du patio. Nous mangions souvent de la viande, achetée par mon père, accompagnée de légumes du potager qui trempaient dans une sauce épicée. Ils n'avaient pas l'habitude

de manger de la viande régulièrement, seulement quelques fois dans le mois, pas plus d'une fois par semaine. Les hommes s'installaient à une table, les femmes et les enfants à une autre. Le repas était servi dans une seule grande assiette, et nous mangions avec le pain. Je trouvais que les enfants mangeaient mal parfois. Je n'étais pas à l'aise et n'arrivais pas à manger correctement, alors que mes sœurs s'en sortaient bien, mais je n'osais rien dire. Mon père m'observait de loin et me faisait signe de la main :
— Nadia, viens à côté de papa.
Je me précipitais vers lui et lui chuchotais à l'oreille :
— Merci, papa. Les enfants mangent mal, je n'arrivais pas à attraper les légumes avec le pain.
— J'ai vu ça, ma fille, viens manger avec nous quand tu le voudras.
Ma place était à côté de lui à chaque fois que nous mangions. Les hommes mangeaient plus proprement à mes yeux. Ils étaient moins nombreux en plus, alors j'étais plus à l'aise. Nous terminions le repas par un thé à la menthe, et ma mère allait dans notre chambre pour remplir des assiettes de fruits secs, d'amandes et de pistaches qu'ils avaient achetés en France.

La soirée commençait sous un ciel étoilé, toujours dans ce patio. Mes cousins allaient chercher des graines de tournesol, appelées pipas, à l'épicerie. Les adultes veillaient au moins jusqu'à deux heures du matin.

Il m'arrivait souvent de m'endormir sur un oreiller cousu avec un morceau de tissu épais et rempli de linge qui n'était plus utilisé. Nous passions nos soirées à éclater de rire, mon père a le rire facile, il sait mettre de l'ambiance. Tout le monde était présent, même la deuxième femme de mon grand-père. Ils devaient faire avec, étant donné qu'elle était dans l'espace de vie. Et puis ses enfants avaient grandi, ils n'étaient pas responsables des propos que leur mère avait tenus à l'égard des enfants de mon grand-père. Mon père faisait la part des choses, le reste de la famille aussi. Inutile de faire des histoires, il en allait de la réputation de la famille. Le regard des autres était important. Qu'allaient penser les gens d'eux s'ils rejetaient leur belle-mère ? Mon père préférait laisser la vie s'en charger. Pour ma part, j'avais du mal à comprendre la situation et lui demandai :

— Papa, tu ne lui en veux pas pour tout ce qu'elle a fait ?

— Nadia, jamais, jamais je n'oublierai le mal qu'elle nous a fait, c'est très grave ce qu'elle a dit. Comment peux-tu vouloir abandonner neuf enfants ?! C'est très grave, Nadia ! me répéta-t-il, le doigt levé.

Puis il se retourna et partit. J'avais réveillé un souvenir douloureux.

Une nuit, lorsque j'étais petite, mon père nous a réveillés pour que nous assistions à un vêlage. Mon grand-père avait deux vaches. Nous nous sommes tous levés pour vivre ce moment d'émotion qui nous a pris au cœur. C'était impressionnant, je regardais la situation avec des yeux émerveillés. Je ne comprenais pas trop au début, je tenais la main de mon père. L'endroit était éclairé par les lanternes que nous avions tous apportées, car nous n'avions pas encore l'électricité. J'aperçus la tête du veau, puis ses pattes avant. Enfin, il apparut entièrement dans cette poche. Nous sommes ensuite allés nous rendormir, et je me suis réveillée le lendemain en me demandant si j'avais rêvé ou si c'était réel. Je suis allée voir si le veau était bien là, et il tenait déjà sur ses pattes.

Pendant nos vacances, nous allions rendre visite à ma famille maternelle, grands-parents, oncles, tantes, cousins et cousines, mais aussi aux tantes paternelles qui vivaient avec leurs maris. La famille était grande et aimante. Nous étions toujours bien accueillis. Nous ne venions jamais les mains vides, ça ne se faisait pas, c'était la hchouma (la honte), et les gâter nous faisait de toute façon plaisir. Nous préparions des sacs de cadeaux à leur intention. Mon père achetait en général un vêtement accompagné d'un parfum, d'amandes, de café, de fruits secs et de bonbons.

Nous commencions par rendre visite à mes grands-parents maternels. Mon grand-père nous ouvrait la porte, habillé de sa djellaba blanche, de ses babouches, et avec sa chéchia sur la tête. Leur maison était également composée d'un grand patio, de chambres autour, d'une cuisine et d'une salle d'eau. À l'entrée, un âne leur servait à se rendre à la source pour aller chercher de l'eau.

Mon grand-père était grand, il marchait souvent légèrement courbé et les mains derrière le dos. Il nous saluait le sourire aux lèvres, heureux de nous voir. Je lui embrassais la main quand il était debout et la tête quand il était assis, en signe de respect. Il était très pratiquant, il avait une foi apaisée. C'était un hafiz, il connaissait le Coran par cœur, il était aussi muezzin dans une mosquée à quelques pas de leur maison. Un homme respecté, d'une grande sagesse et très ouvert d'esprit malgré sa dévotion. Mes sœurs et moi n'étions pas voilées, nous portions des robes qui ne recouvraient parfois pas nos bras, et il ne nous a jamais jugées. Il ne jugeait personne. Il nous aimait et nous le montrait. Toujours un sourire, une belle parole.

Quand je voyais ma grand-mère au loin, je courais lui sauter dans les bras et je l'embrassais. J'étais heureuse de la voir. Elle était tellement douce, habillée toujours avec son voile blanc et sa longue robe blanche, elle avait un teint lumineux, qui dégageait de la bonté. Je me souviens aussi de son odeur, elle sentait si bon.

Lorsqu'elle savait que nous allions à la plage, elle nous mettait en garde contre les vagues, elle avait peur qu'elles nous emportent. Nous la rassurions, mais cela n'y changeait rien, elle s'inquiétait à chaque fois. Ma grand-mère était diabétique et souvent malade. Mon père était proche de ses beaux-parents, il s'en occupait aussi. Moins, mais il ne les oubliait pas dans ses dépenses. Il avait d'ailleurs fait venir un des frères de ma mère, qui était célibataire. Celui-ci a terminé ses études en France, puis s'est marié avec la fille d'une famille de Tafersit, qui avait immigré en Belgique.

Dans chaque maison, nous étions toujours accueillis chaleureusement, avec du thé à la menthe. Ici, c'était ma mère qui s'occupait de nous le servir. Mes grands-parents maternels avaient aussi des vaches, j'aimais dormir chez eux quelquefois pour les traire avec ma grand-mère. Je ne le faisais pas avec celles de mon grand-père paternel. Je me réveillais le matin, et elle était déjà auprès des vaches. Je me précipitais, m'asseyais à côté d'elle, posais mes petites mains par-dessus les siennes, puis nous commencions la traite jusqu'à remplir ce seau placé en bas des trayons. Un moment de complicité inoubliable.

Le midi, ma grand-mère nous préparait du pain qu'elle cuisait dans le tafkount. Avec mes cousins et cousines, nous l'attendions, assis autour de la table, et surveillions l'avancée de la cuisson du coin de l'œil en nous acclamant « Henna ! Henna ! Henna ! » (grand-mère, en tmazight). Puis nous la voyions revenir, le visage souriant et en sueur, les pains à la main. Elle nous les déposait sur la table et apportait du beurre qu'elle avait fait avec le lait de ses vaches. Le goût était très fort.

Ces moments connectés à la nature et aux animaux me remplissaient de joie. Cette simplicité de vie me marqua.

Chez mes tantes, le thé était accompagné de harcha, une galette de semoule sur laquelle était déposé de l'huile d'olive ou du beurre. Le thé était un rituel dans chaque maison, toujours servi avec des gâteaux ou des fruits secs. La majorité des familles avaient peu de moyens, mais les tables étaient remplies, à l'image de leur générosité.

Les jours suivants, nous continuions à rendre visite aux membres de la famille et à leur offrir des cadeaux. Certains refusaient, gênés, d'autres sautaient dessus. Il y avait aussi ceux qui réclamaient leurs cadeaux, tout simplement parce que nous venions de France, ce qui selon eux signifiait que nous étions aisés financièrement.

Nous allions également voir mes deux autres oncles, à Tétouan, une ville plus grande, plus moderne, où beaucoup de Rifains qui ne trouvaient pas d'emploi allaient vivre. Ils travaillaient toujours dans leur boutique de baskets, que mon père leur avait achetée. Nous en profitions d'ailleurs pour choisir notre paire pour la rentrée. Nous restions sur place environ une semaine en général. Nous avions sept heures de trajet pour nous y rendre, les routes étaient sinueuses et c'était très fatigant. Je préférais Tafersit, mes cousins et cousines me manquaient…

Le village commençait à se développer. Lorsqu'il y eut l'eau courante et l'électricité, mon père décida de construire. Pour lui, il était important de pouvoir rentrer au pays et y avoir sa propre maison, surtout que nous grandissions. Nous avions besoin de plus d'intimité, de notre chambre, notre salle de bains et notre cuisine. Ce projet mit deux ans à aboutir. Plus les années passaient, plus les immigrés d'Europe construisaient de grandes maisons, souvent sur plusieurs étages. C'est ma mère qui avait choisi l'endroit. La maison était en hauteur, mitoyenne au patio pour rester proche de sa belle-famille. Elle aimait la compagnie et ne voulait pas se retrouver loin, isolée. La porte était toujours ouverte. Cette maison nous servait à dormir et nous laver, le reste du temps nous étions en bas avec notre famille ou sur le stah, la grande terrasse sur le toit.

Nous y posions des matelas très fins, des oreillers contre le mur, une petite table ronde, et nous passions des soirées inoubliables à la belle étoile à parler de tout ce qui nous venait à l'esprit. Nous continuions de prendre chaque repas dans ce patio avec la famille, et nous terminions toujours avec un verre de thé, sous les étoiles.

L'été, de nombreuses familles installées en Europe rentraient au pays. Il y avait beaucoup d'ambiance dans le village et des mariages chaque année. Cela se passait parfois à la maison, quand nos cousins, cousines, oncles et tantes se mariaient, et parfois chez nos voisins. Alors, avant chaque voyage, nous achetions des tissus sur le marché en banlieue parisienne, pour les confier à un couturier à Nador ou à une couturière du village pour nous confectionner nos robes traditionnelles, appelées « caftans ». C'était du sur-mesure. Nous portions ces robes pour d'autres événements, comme un baptême ou une simple invitation à un repas. Elles sont en général ornées de broderies, de sequins et de perles. J'étais émerveillée quand je voyais ce que les couturières étaient capables de faire en si peu de temps avec un morceau de tissu. Les mariages duraient trois à quatre jours. Il nous fallait donc quatre robes, car nous devions être présentes chaque jour, pour ne pas vexer les mariés. C'était épuisant, mais nous aimions ce moment où nous nous apprêtions, nous coiffions, nous parfumions et chaussions nos talons. Nous terminions par une photo ensemble, une rangée de cousins et cousines prêts à s'amuser.

Les années passant, les cérémonies devenaient plus modernes. On faisait appel à des orchestres pour animer. La première journée, c'était le rituel du henné, chaque famille restait chez elle. Le lendemain était une autre journée de fête, où le marié et sa famille venaient chez la mariée. Le troisième jour, le marié venait chercher la mariée pour l'emmener finir la soirée dans sa famille, après un long cortège où les klaxons retentissaient. Cette célébration ne passait pas inaperçue. Même quand nous n'y allions pas, nous entendions la musique et les youyous comme si nous y étions. Tout se célébrait en plein air, et le soir tout résonnait. Alors nous profitions de la musique pour danser avec mes cousins et cousines quand nous étions sur la terrasse. Les journées passaient vite, même quand nous n'étions pas de sortie. Le seul fait d'être ensemble était agréable.

Nous ne manquions pas l'occasion d'aller au souk de Nador. Nous devions nous rendre au centre-ville pour y faire des achats. Il y avait souvent beaucoup de monde. Nous y découvrions des produits de la vie quotidienne des Marocains, des senteurs épicées aux senteurs de cuir de babouches, fabriquées parfois devant nos yeux dans un atelier ouvert. Les prix n'étaient jamais affichés, à croire qu'ils n'existaient pas. En réalité, c'était à la tête du client. Nous qui venions d'Europe devions payer plus cher. Je laissais toujours mon père faire quand je voulais acheter quelque chose. La scène de négociation commençait alors. J'en ai des souvenirs très précis, comme cette fois où j'avais repéré une robe que je voulais :

— C'est combien, la robe ? demanda mon père.
— 250 dirhams, mon frère ! lui répondit le vendeur.
— Ça, c'est 250 dirhams ?! Ah non, c'est trop cher, fais un effort, lui rétorqua mon père avec un air étonné.
— 240 dirhams, c'est tout ce que je peux faire, affirma le vendeur, contrarié.
— Je te la prends à 150 dirhams, mon frère.
Le vendeur lui tourna le dos, et lui dit :
— Mon frère, je ne te la laisserai pas à 150 dirhams, il ne faut pas abuser.
— D'accord, je la laisse. Allez, on y va !
Alors que nous nous apprêtions à partir, le vendeur s'exclama soudain :
— Bon, d'accord ! Je te la laisse à 170 dirhams, allez !

Une vraie comédie, une scène que je connaissais par cœur ! Toujours marchander au Maroc ! Plus grandes, nous prîmes la relève quand nous voyions des prix fixés de manière abusive. Nous avions appris, tout était dans le ton de la voix.

Il fallait prévoir au moins cinq heures pour faire le tour du centre-ville, il y avait un tas de boutiques. Ma mère faisait le plein d'épices, nous en aurions pour des mois à la maison en France. Nous finissions toujours par nous rendre dans ce grand café en bord de mer, qu'on appelait «Le café des Espagnols», construit par ces derniers en 1958, pour y manger une glace.

La semaine précédant notre retour en France, mon père organisait une sadaqa à la maison, un grand repas considéré comme une œuvre généreuse. C'était en partie destiné à sa défunte mère. Elle n'était plus là, mais elle restait dans son cœur, dans nos cœurs. La veille, nous allions de maison en maison pour inviter les villageois, les membres de la famille, et nous recevions aussi des imams pour la récitation du Coran. La journée était chargée mais bien organisée par mon père, tout le monde mettait la main à la pâte, même les voisines. L'entraide est une valeur ancrée chez les Marocains. Mon père faisait les courses nécessaires, achetait la viande, les boissons, les épices, les pruneaux secs, les pastèques, les melons, les pains de sucre et la vaisselle qui manquait au souk. Mes oncles allaient chercher la menthe, le persil, la coriandre, les oignons et les tomates dans les champs.

Avec mes cousines, nous nous occupions de tout nettoyer, de préparer l'endroit pour les femmes et celui où s'installeraient les hommes, de sortir et laver la vaisselle, de dresser les plateaux. Il y en avait pour

Nos départs au bled

le thé, avec la théière qui pouvait servir au moins vingt personnes, la menthe, le pain de sucre cassé en morceaux et les grains de thé. Et nous posions les verres sur d'autres plateaux. Les mères s'activaient en cuisine, sortaient les grandes marmites et faisaient cuire la viande. De vraies cheffes. Elles s'y prenaient très tôt le matin. Nous avions tout terminé et étions prêts à recevoir les invités, qui commençaient à arriver et à s'installer au moment du coucher du soleil. Nous recevions environ deux cents personnes, dont l'immense majorité avait très peu de moyens. Beaucoup étaient des nécessiteux que nous ne connaissions pas, mais qui avaient été informés du repas. Nous les laissions évidemment rentrer.

Le lendemain était difficile, nous devions tout nettoyer, laver tous ces verres et ces grandes assiettes dans lesquelles tout le monde avait mangé à la main, laver les sols, les couvertures sur lesquelles les invités s'étaient assis… Mais ensemble nous allions plus vite. La sieste après n'en était que plus savoureuse.

Je tombais souvent malade pendant les vacances, et mes tantes se transformaient en naturopathes. Elles avaient toujours le remède pour me soigner : plantes ou aliments. Cela me surprenait. Lorsque j'avais de la fièvre, elles me mettaient un foulard imbibé de vinaigre sur la tête pour faire baisser la température, parfois c'était un jaune d'œuf qu'elles m'étalaient sur le front. Ça me rendait la peau douce et ça marchait vraiment. Une dame du village était considérée comme une « spécialiste » et avait l'habitude de recevoir des personnes qui se plaignaient de douleurs au niveau des amygdales. J'en faisais partie. Un jour, elle me massa avec de l'huile d'olive, puis elle prit une pincée de sel, qu'elle mit dans sa bouche avant de cracher dans la mienne. Cela faisait partie de son remède. J'en fus écœurée, mais je n'avais plus de douleurs. Le soin que j'ai vu perdurer, c'est celui auquel nous avions droit lorsque nous nous plaignions de douleurs au ventre. Ça consistait à mettre du parfum ou de l'alcool dans le nombril. Pareil, c'était à chaque fois efficace.

Le retour en France était toujours très difficile. Tout le monde était en pleurs, moi je pleurais pendant des heures de cette séparation. C'était à chaque fois une expérience riche humainement ! La famille était incroyable. Leur gentillesse et leur bienveillance envers nous étaient si touchantes. Ils ignoraient qu'ils m'apportaient autant que nous leur avions donné. Le bonheur d'être ensemble, de partager des moments de joie avec les autres, c'est ce que mon père voulait nous faire vivre à chaque fois. Le bonheur se partage, l'authenticité se vit.

Quand ils remerciaient mon père, j'étais fière d'être sa

fille, fière de sa générosité. Je me disais à chaque fois en le regardant : «J'ai de la chance de l'avoir comme papa.» J'étais fière aussi de tout ce qu'il faisait pour nous, sa famille, sa belle-famille, ses amis et tous les nécessiteux qu'il croisait sur son chemin.

Je me souviens de l'un d'eux, considéré comme fou dans le village. Il avait perdu la raison, s'habillait mal, était pauvre et sale depuis le décès de son père. Mon père était allé à l'école avec lui, et me l'avait décrit comme un surdoué, le meilleur de la classe. Il retenait toutes les leçons sans même les noter. Mon père prenait plaisir à l'emmener se faire coiffer et s'acheter des vêtements. Il le relookait tellement bien que les gens du village ne le reconnaissaient plus.

C'était ainsi à chaque fois. Le même périple, le même schéma de voyage. Les seules choses qui changeaient, c'était le véhicule et nous, qui grandissions. Plus les années passaient, plus la maison partagée se vidait. Certains émigraient en Europe, d'autres se mariaient, d'autres encore nous quittaient, mais les souvenirs que nous créions restaient gravés.

Le jour où j'ai ressenti le plus grand vide à la maison, au Maroc, c'était quarante jours après le décès de mon grand-père paternel. Ma mère, mon oncle et moi étions arrivés en fin d'après-midi. Je ne réalisais pas encore que mon grand-père n'était plus là. Nous nous étions installés autour de cette table basse ronde en bois pour manger, toujours sur les peaux de mouton à même le sol. Mes tantes nous avaient préparé un tajine de pommes de terre, oignons et poivrons, et une petite assiette d'olives. Elles déposèrent ensuite une tasse en terre cuite remplie d'eau, puis le pain à farine noire. J'attendis un moment, puis tout le monde s'assit et se mit à manger. Je n'avais pas mon pain à farine blanche. Mon grand-père… C'était lui qui pensait à m'en acheter au souk quand j'arrivais. Mes tantes m'ont regardée, puis se sont souvenues que je ne mangeais pas ce pain. J'en ai quand même coupé un bout par politesse. Je l'ai trempé dans la sauce et j'ai tenté de l'avaler, la gorge nouée de chagrin. Je retenais mes larmes.

Le temps passait, la nuit tombait, et je l'attendais. Mais je me rendis compte qu'il n'allait plus faire son entrée d'artiste avec son grand sourire et son visage rempli de la joie de nous voir. Il n'était vraiment plus là. Mes larmes finirent par couler. Je pris conscience que je ne le reverrais plus. J'aimais nos discussions. Nous restions souvent à table ensemble, après le dîner, assis sur ces peaux de mouton au sol, et il me demandait de lui raconter ce que je faisais dans la vie, il me conseillait de ne jamais me laisser faire. La justice était importante pour lui, le haqq (droit) comme il le disait. Il avait d'ailleurs un ami avocat, qu'il allait consulter dès qu'il y avait une histoire, souvent de terrain, pour savoir qui avait raison. Il était également important pour lui de soutenir les personnes qui pouvaient rencontrer des problèmes, qu'ils soient d'ordre administratif ou judiciaire. Je l'aimais autant que mon père.

Nous avions appris son décès tard dans la nuit, je m'en souviens très bien. Nous dormions tous quand le téléphone a sonné. Je me suis levée, curieuse de savoir qui appelait aussi tard, et j'ai entendu mon père décrocher. Je suis entrée dans la chambre et je l'ai vu. Il était à genoux, le bras droit sur la table de chevet, la tête posée sur son bras, et le combiné dans la main gauche. Il s'est mis à pleurer. Je me suis précipitée pour l'aider à se relever, et il a continué à pleurer dans mes bras comme un enfant. C'était la première fois que je voyais mon père dans cet état. Je me sentais impuissante. Voir mon père inconsolable et apprendre la mort de mon grand-père m'attrista terriblement. J'avais voulu l'appeler la veille, mais j'avais reporté par manque de temps. Je m'en voulais. Mon cœur était lourd, je ne pouvais retenir mes larmes. J'aimais entendre la voix de mon grand-père. Je prenais de ses nouvelles souvent, même si nous ne restions pas longtemps au téléphone. Il était content de m'entendre et me remerciait de penser à lui. Il avait quelques problèmes de tension, elle était anormalement élevée. Cette nuit-là, il avait organisé un repas pour des nécessiteux en présence d'imams. Ce fut quelques heures après la fin de ce repas que son âme quitta son corps.

Mon père souhaitait l'enterrer de ses propres mains, aller jusqu'au bout de ce qu'il pouvait faire pour lui. Je me souviens qu'il nous répétait : «J'ai toujours respecté mon père, je lui ai toujours obéi, même quand je n'étais pas d'accord. J'étais bienveillant envers lui et j'ai adopté un bon comportement. Je ne regrette rien, les parents c'est important. Une fois qu'ils ne sont plus là, ils ne sont plus là!»

Mon père prit un vol pour le Maroc dès le lendemain matin. Une foule de personnes était présente pour transporter le défunt dans sa dernière demeure, le cimetière où reposait déjà ma grand-mère. Mon père saisit la pioche et creusa, le cœur lourd, puis ils le déposèrent avant de l'enterrer. Il mit des années à s'en remettre. Il se sentit encore plus responsable de sa famille. Il devait, en tant que fils aîné, veiller sur eux.

Mon père avait fait venir mon grand-père en France en tant que touriste, pendant deux mois. Il se promenait dans les rues avec sa djellaba et sa chéchia, comme au Maroc. Il marchait pendant des heures, il aimait ça. Je me souviens de ce jour de printemps. Il faisait chaud, et nous avions décidé, mon père et moi, de l'emmener manger un dessert bien frais. Il avait choisi un milkshake à la vanille. C'était très drôle, car il n'avait pas l'habitude de boire à la paille. Il ne comprenait pas comment l'utiliser, c'était une découverte. Nous nous sommes beaucoup amusés ce jour-là. Les cloches de l'église de la commune sonnaient plusieurs fois dans la journée. Mon grand-père nous avait interrogés, curieux d'entendre ces retentissements, et nous lui avions expliqué qu'il s'agissait de l'appel à la prière, comme au Maroc, mais destiné aux fidèles chrétiens. C'était une autre découverte pour lui.

Le lendemain matin de mon arrivée au Maroc, je me préparai vers onze heures pour me rendre sur sa tombe et y réciter quelques versets du Coran. Le soleil et la chaleur étaient à leur comble. Je commençai par me laver et me purifier à la maison, ensuite je mis une robe longue assez ample, à manches longues. Je pris avec moi un voile et un sac rempli de bonbons, que je souhaitais offrir aux passants en guise d'aumône. Les enfants le savaient, ils s'approchèrent. Un, puis deux, puis trois, puis ils formèrent un petit groupe. Ils en prenaient une poignée, pour eux et pour ceux qui n'étaient pas là. Ils me remercièrent avec un sourire aux lèvres, et repartirent à leurs occupations en courant.

J'arrivai devant le cimetière avec le demi-frère de mon

père, Rachid. Là où mon grand-père avait été enterré, je mis le voile sur ma tête et entrai en prononçant «bismillah». Rachid m'indiqua sa tombe. Son corps était ici, mais son âme n'y était plus. Une envie de creuser me saisit. J'en aurais eu la force. J'avais envie de le prendre une dernière fois dans mes bras. Finalement, je me mis à réciter quelques versets d'un petit Coran que je transportais partout avec moi, et mon cœur tout à coup s'apaisa. Il était parti, mais les souvenirs restaient. Je réalisai l'importance de créer de bons souvenirs, sans modération, avec les gens qu'on aime.

La famille était très unie, nous aimions nous voir, nous réunir. Mais plus la maison se vidait, plus je grandissais, et plus mon envie de me rendre dans cette ville où étaient mes oncles qui tenaient une boutique était grande. Je passai alors mes étés à Tétouan. Une station balnéaire avec de belles plages, des endroits agréables et des concerts en plein air. Quelques amis du village y passaient leurs vacances également. Nous vivions quelque chose de différent. La route entre Tafersit et Tétouan était sinueuse, et le trajet durait sept heures, voire plus avec les arrêts. Je l'avais fait une fois et je me l'étais promis : «Plus jamais!» Mes parents, quant à eux, continuaient de se rendre au Rif.

L'année suivante, je décidai de retourner à Tétouan.

Nos départs au bled

Après une journée de plage, j'appelai ma grand-mère maternelle pour prendre de ses nouvelles, et elle me demanda avec sa voix douce :
— Tu viens me voir quand ?
— Henna, cette année, je ne viendrai pas. Mais je te promets que, dès que je peux, après l'été, je passerai te voir. La route est vraiment trop longue pour moi.
— D'accord, ma fille. Prends soin de toi et fais attention quand tu vas à la plage, ne t'éloigne pas trop. Et ne sors pas seule.
— Merci, Henna. Beslama.
— Beslama, ma fille, que Dieu te protège.
— Amine.
Puis elle me passa ma cousine, qui me fit la morale :
— Henna est triste que tu ne viennes pas la voir.
— Promis, je viens dès que je peux, mais pas cet été.

Je la comprenais, mais je m'en souciais peu. Je me disais que ma cousine cherchait une raison pour me convaincre de venir et qu'elle en faisait un peu trop. Je ne me doutais pas que ma grand-mère tomberait malade.

Trois mois plus tard, alors que je rentrais à la maison, je trouvai mes parents à table. Ma mère avait les yeux rouges d'avoir pleuré. Paniquée, je lui demandai ce qu'il se passait. Elle me répondit :
— Ta grand-mère est à l'hôpital, elle a fait un AVC.

Je laissai tomber mon sac, m'approchai d'elle et la pris dans mes bras :

— Il ne faut pas perdre de temps. On prend des billets d'avion et on part. Ne t'inquiète pas, ça va aller.

Je m'activai alors à rechercher des billets d'avion pour le Maroc, mais malheureusement plus aucun billet n'était disponible pour le lendemain depuis Paris. Il fallait que je parte. Je lui avais promis qu'on se reverrait. Je réussis à trouver un vol avec un départ depuis la Belgique. Je l'achetai sans aucune hésitation, peu importe le coût. J'avais promis. Je voulais absolument la voir.

Je ne fermai pas l'œil de la nuit. Très tôt le lendemain, je pris la voiture avec ma mère pour aller chercher son frère à Anvers, puis prendre notre vol à Bruxelles. Les autres enfants de ma grand-mère nous rejoindraient au Maroc, ainsi que certains de leurs enfants qui le pouvaient.

Nous arrivâmes dans la nuit, le vol direct Bruxelles-Nador avait eu un peu de retard. Mon grand-père nous accueillit le visage triste. « Tout est entre les mains de Dieu », nous dit-il.

Nous dûmes attendre le lendemain pour lui rendre visite. Aussitôt levés, nous préparâmes quelques

affaires à lui apporter, puis nous prîmes la route pour l'hôpital. Elle se trouvait dans une chambre partagée avec quatre autres femmes. L'hygiène n'était pas au rendez-vous. Je me précipitai vers elle avec douceur. Je lus dans ses petits yeux le bonheur de nous voir. Son AVC l'avait affectée, elle ne parlait pas, mais elle nous voyait et nous entendait. Je lui pris la main, elle avait toujours les mains bien chaudes. Je l'embrassai sur le front, puis sur la joue. Je rapprochai ma joue de sa bouche et lui demandai de me faire un bisou à son tour. Elle m'embrassa. Je lui souris et la remerciai. Je me retenais de pleurer. Pas maintenant.
— Je t'avais promis que je viendrais te voir, Henna. Tu vois, je suis là.

Elle n'avait pas mangé, nous avait-on dit. J'étais surprise. Je savais qu'elle se méfiait beaucoup de sa belle-fille, qui restait avec elle à l'hôpital et était chargée de s'en occuper. Elle n'appréciait pas sa compagnie. Je lui repris la main et lui chuchotai à l'oreille :
— Henna, si tu veux que je t'apporte quelque chose à manger, comme un yaourt, serre-moi la main.

Elle me serra la main. Aussitôt, je demandai à un de mes oncles de m'accompagner à l'épicerie. J'achetai des yaourts aux céréales, puis je marchai vite pour remonter dans sa chambre. Elle avait certainement très faim, et je savais combien elle aimait les yaourts.

Je lui souris et calai sa tête pour ne pas qu'elle s'étouffe. J'ouvris le pot devant elle, puis lui donnai à manger avec une cuillère que nous avions apportée. Elle ouvrit la bouche à chaque cuillère, jusqu'à ce qu'il n'y en ait plus.

Nous restions un moment avec elle, puis nous revenions la voir le lendemain. Je me mettais à côté d'elle et lui récitais des invocations dans lesquelles je demandais à Dieu de lui faciliter la guérison.

Deux jours plus tard, les médecins nous informèrent qu'il n'y avait plus d'espoir et qu'il valait mieux qu'elle rentre auprès des siens, dans sa maison. J'avais encore des vacances à passer avec elle, des moments où je la ferais rire. C'était trop tôt.

Elle rentra à la maison sur un lit d'hôpital, mais mes tantes l'allongèrent sur un matelas au sol. Le soir même, elle commença à agoniser. Je n'avais jamais assisté à cela. Une âme qui se retirait peu à peu d'un corps. Cela dura des heures. Je n'avais pas prévu de passer autant de temps au Maroc, je pensais qu'elle allait s'en remettre. Je n'avais pris que quelques jours de congés, et je devais rentrer en France.

Le jour de mon départ pour l'aéroport, j'entrai dans cette chambre où ma grand-mère était allongée, à l'agonie, prête à quitter cette vie. Je m'assis auprès d'elle, me penchai, pris ses bras et les posai autour de mon cou. Je l'embrassai une dernière fois très fort en lui chuchotant : «Je t'aime, grand-mère, pardonne-moi. » Cet adieu me marqua.

Je sortis de la chambre et pleurai pendant tout le trajet. Mon oncle, qui conduisait, tenta de me réconforter en me parlant, mais rien n'y faisait, alors il se tut. Seuls mes sanglots brisaient le silence dans la voiture.

À Bruxelles, mon cousin me récupéra à l'aéroport, puis je pris ma voiture pour rentrer en France. C'est mon père qui m'annonça le décès de ma grand-mère quand j'arrivai à la maison. Il avait la gorge nouée, je sentais qu'il appréhendait ma réaction. Je me suis mise à pleurer calmement, j'étais soulagée de l'avoir vue une dernière fois avant qu'elle ne meure.

Ces dernières années, ma grand-mère nous disait qu'elle pensait qu'elle mourrait seule, sans ses enfants, car ils étaient tous partis en Europe. Quand son âme nous a quittés, tous ses enfants étaient auprès d'elle, ainsi qu'une partie de ses petits-enfants et son mari. Mon grand-père maternel l'a suivie un an après. Il l'aimait beaucoup et était très malheureux sans elle. Il était beaucoup moins souriant, sa présence lui manquait. Je n'ai pas voulu refaire la même erreur avec lui. Je lui rendais visite à Tafersit lorsque j'allais au Maroc, peu importe la ville dans laquelle je me trouvais.

Nos vacances dans le Rif n'avaient plus le même goût. Le départ des grands-parents avait laissé un vide immense. Ils étaient irremplaçables. Les familles ne se réunissaient plus autant qu'avant, l'éloignement des uns et des autres renforçait cette ambiance laide. Nos repères étaient partis. Ceux qui rassemblaient, les piliers des maisons, n'étaient plus là. S'ajoutaient à cela les mésententes au sujet des héritages et des terres, devenues un réel problème au sein des familles.

Le Maroc, et notamment le Rif, est une terre qu'aucun autre pays que j'ai visité, découvert ne peut égaler dans mon cœur. Ce que j'y ai vécu, ce que cette terre m'a offert et continue de m'offrir avec ses habitants d'une grande hospitalité et générosité est spécial à mes yeux.

LE 9.3

La vie en banlieue

En rentrant en France, je me rendais compte de la chance que j'avais. Je m'endormais sur un lit confortable, je faisais ma toilette avec l'eau du robinet, sans avoir à aller la chercher au puits. Les routes caillouteuses devenaient plates, il n'y avait plus de poussière quand les voitures passaient, nous mangions à notre faim. J'achetais de nouveaux vêtements pour la rentrée scolaire, une nouvelle paire de chaussures. J'avais tout. Je me considérais comme privilégiée.

Nous reprenions notre quotidien en banlieue parisienne, dans le nord du 93, toujours dans cette belle cité au sixième étage d'un bâtiment qui en comptait neuf, porte 146. Il y avait six immeubles au total, collés les uns aux autres, nous vivions dans celui du milieu. Les façades étaient entretenues régulièrement et repeintes avec de belles couleurs, un mélange de rose pastel et de blanc cassé. Les appartements situés aux étages pairs disposaient d'un balcon, et il y avait une petite concurrence entre voisins : c'était à celui qui aurait le plus beau. D'un côté, la vue donnait sur trois terrains de tennis et plusieurs potagers appartenant aux locataires, et de l'autre côté nous pouvions voir des duplex avec de grandes terrasses. Nous en étions séparés par un vaste terrain divisé en plusieurs espaces. Un premier dédié aux jeux, construits uniquement avec du bois, des jeux d'équilibre et un bac à sable. Il y avait un deuxième espace avec un toboggan et un autre bac à sable, plus petit, des bancs, des tables de ping-pong en béton. Un grand espace vert servait à l'organisation des jeux en été et des buvettes pour que les locataires puissent se rencontrer et créer du lien. Et, enfin, un grand losange en plein milieu, où les jeunes aimaient pratiquer le football et d'autres la pétanque.

Des arbres imposants et des chemins cailouteux délimitaient les espaces, éclairés par des lampadaires. Nous profitions d'un beau paysage, différent à chaque saison. Au printemps, les cerisiers du Japon donnaient d'innombrables fleurs rose pastel. En automne, de magnifiques couleurs se mélangeaient grâce aux feuilles dorées qui tombaient pour former un tapis aux couleurs automnales. Les flocons s'invitaient l'hiver, recouvrant le paysage d'un manteau neigeux. Nous enfilions alors nos gants et nos manteaux, et nous allions faire des bonhommes de neige. La nature ajoutait de la beauté à cette cité. À la tombée de la nuit, nous apercevions les lumières de la ville au loin. Lors des célébrations avec feux d'artifice, le ciel s'illuminait à son tour, avec des explosions de couleurs se transformant en poussières d'étoiles.

LE 9.3

C'était magnifique.
Nous avons vécu quelques années dans cet appartement d'environ soixante mètres carrés, qui comptait deux chambres : une pour mes parents et une pour mes deux sœurs et moi. Nous dormions sur des lits superposés et avions un bureau que nous partagions pour nos devoirs. Ne pas dormir seule dans une chambre m'arrangeait, car la peur m'envahissait et m'empêchait de fermer les yeux. J'avais six ans, et je réveillais ma grande sœur Fatima pratiquement toutes les nuits pour lui demander si je pouvais dormir à ses côtés. À force, je finis par avoir ma place à côté d'elle. J'étais reconnaissante. Elle avait ce rôle protecteur envers moi.

Quelques semaines après la naissance de la cadette, et juste après l'arrivée en France de mon oncle paternel qui vivait au Maroc, nous avons déménagé au septième étage pour avoir plus d'espace et une chambre supplémentaire.

Mon oncle était le seul de la fratrie à avoir fait de longues études. Mon père lui avait proposé de les continuer en France pour le pousser à aller le plus loin possible. Il avait réussi à lui trouver une place dans une université pour qu'il se forme à l'informatique. Et, de son côté, mon oncle avait pu obtenir un visa de long séjour.

Nous étions contentes de l'héberger à la maison. Il était devenu notre grand frère, celui que nous n'avions pas eu. Surtout pour la cadette, qui a réellement grandi avec sa présence. Il se comportait d'ailleurs comme un vrai frère, il était proche de nous, protecteur, complice. Nous l'aimions beaucoup. Il occupait la chambre supplémentaire, et mes sœurs et moi continuions à partager une chambre avec nos mêmes lits superposés.

Mon oncle était vraiment le bienvenu à la maison. Nous ne nous sommes jamais plaintes de ne pas avoir une chambre chacune. Il nous paraissait normal de la lui laisser et de pouvoir l'aider à étudier. Cela ne dérangeait pas ma mère non plus, elle trouvait que c'était une bonne chose d'héberger son beau-frère. Elle s'occupait de lui et le traitait comme son fils, elle avait eu l'habitude de prendre soin de ses beaux-frères et belles-sœurs avant même qu'elle ne vienne en France. Elle lavait leur linge, leur préparait à manger, leur portait beaucoup d'attention et faisait preuve de bienveillance à leur égard.

Mon père prenait intégralement mon oncle en charge financièrement. Il était hors de question qu'il dépense de l'argent, il devait étudier et construire sa vie. Pendant ses vacances scolaires, mon père le faisait travailler avec lui à l'usine. Il prenait soin de lui.

LE 9.3

C'était un homme grand, sportif, brun aux yeux verts, qui plaisait et attirait beaucoup de prétendantes. Mon père était en quelque sorte son tuteur et devait s'assurer qu'il emprunte le bon chemin. La vie en France plaisait à mon oncle, il avait fait des rencontres, s'était constitué un groupe d'amis. Mon père a commencé à se soucier de ses fréquentations, il avait peur qu'il se fasse influencer et qu'il lui arrive quelque chose. Il l'a parfois recadré dans ses sorties un peu trop tardives, mais il avait compris qu'il ne pourrait pas non plus le façonner comme il le souhaitait. C'était sa vie, et il l'avait accepté, malgré les rares moments de tensions entre eux.

Après ses études, mon oncle décida finalement de devenir chef d'entreprise dans l'événementiel. L'opportunité se présenta sur son chemin, et il reprit l'affaire, qui marchait plutôt bien, d'un couple d'amis en plein divorce. Mon père l'encouragea, et mon oncle s'épanouit dans ce travail. À notre adolescence, il nous permit de découvrir certains festivals, comme celui qui se déroulait en Suisse l'été, autour du lac Léman, et qui se terminait avec cet immense feu d'artifice musical. Dès qu'il en avait l'occasion, il nous emmenait quelques jours avec lui pour nous faire découvrir des lieux, des événements culturels. Il a toujours été présent quand nous avions besoin de quelque chose. À chaque fois que nous avions besoin d'argent, il ne refusait jamais. Il avait créé un lien avec beaucoup d'autres entrepreneurs, et nous trouvions facilement des stages scolaires grâce à lui. Cette gentillesse était finalement dans le sang familial.

Il finit par quitter la maison plusieurs années plus tard. Il procéda à son déménagement en plusieurs fois pour éviter que cela soit brutal pour nous. Nous avons ressenti une grande tristesse, nous nous étions habituées et attachées à lui, il a laissé un vide immense chez nous. Il nous consola en nous disant qu'il passerait nous voir souvent et qu'il serait toujours là pour nous. Il nous aimait beaucoup. Il a continué de venir manger à la maison de temps en temps. Les plats de ma mère lui manquaient aussi.

Mon père a toujours été soucieux de la réussite de sa fratrie. Il voulait également prouver qu'ils pouvaient y arriver, malgré leur manque de repères après le décès de leur mère. Il ne supportait pas le regard plein de peine que les gens pouvaient poser sur eux. Il s'efforçait de trouver des solutions pour faire avancer toute sa famille du mieux qu'il le pouvait, et avec dignité.

Nous nous sentions bien dans cette cité. Les voisins étaient gentils dans l'ensemble, il y avait beaucoup d'entraide et de solidarité. Nous pouvions compter

LE 9.3

les uns sur les autres.

À son arrivée en France, ma mère s'était fait des copines dans l'immeuble, des femmes avec lesquelles elle avait des points communs : l'immigration, une autre culture, la religion musulmane, sa position de femme au foyer. Elles aimaient se retrouver à l'heure du goûter autour d'un verre de thé à la menthe ou d'un café. C'était un moment à elles qu'elles s'accordaient. Elles s'entraidaient, s'apprenaient des choses mutuellement en matière de cuisine, de couture, de soins, de vision de la vie. Elles se confiaient. Elles se relayaient pour emmener les enfants à l'école.

Lorsque nous étions au sixième étage, nous avions une voisine de palier d'une gentillesse incroyable, elle s'appelait Laurence. Elle travaillait dans un atelier qui confectionnait des cravates. Son mari, moustachu, ne souriait jamais, lui, il avait la main lourde sur l'alcool. Ils vivaient avec leurs deux enfants, François et Mathieu. Le midi, quand elle n'était pas au travail, elle cuisinait souvent. Elle mettait tellement d'ail dans ses plats que ça embaumait l'immeuble et que nous sentions l'odeur dans l'appartement. Ma mère aimait partager ce qu'elle cuisinait pour lui faire goûter nos plats traditionnels et aussi, dès que l'occasion se présentait, des gâteaux orientaux. Laurence s'estimait gâtée et ne manquait jamais de nous offrir des boîtes de chocolats à Pâques ou à Noël.

Au cinquième étage vivait ma famille de cœur franco-kabyle. Aziza, la mère, était assistante maternelle. Le père, Roger, grand aux yeux bleus, était chauffeur de bus. Il était toujours très blagueur. Aziza a eu quatre filles et aucun garçon, comme ma mère. Elle a accouché de Farah trois mois après ma naissance. J'ai partagé toute mon enfance, mon adolescence, puis ma vie d'adulte avec elle. Nous allions à l'école ensemble dès la maternelle et jusqu'à la primaire. Nous avons ensuite été séparées à partir du collège. Ses parents avaient fait le choix de l'inscrire dans une école privée. Les miens avaient choisi, eux, de me laisser dans le public, car c'était gratuit et qu'ils ne comprenaient pas la différence entre les deux. Malgré cela, nous avons continué de nous voir en tant que voisines et meilleures amies. Nous étions complices, nous passions notre temps à rire. Nous prenions parfois l'ascenseur avec d'autres voisins avec qui nous n'avions pas l'habitude de parler. Le silence régnait alors, nous nous retenions, puis il suffisait d'un regard pour que nous explosions de rire tout à coup, sans aucune raison. C'était gênant, mais très drôle. Nos plus grands fous rires.

Je me souviens que Farah raffolait du pain fait par ma

mère. Ce pain rond et plat, son goût, son odeur qui embaumait la maison, la vapeur qui s'en dégageait lorsque nous dégustions un morceau tout chaud... Des souvenirs savoureux.

Nos parents nous fixaient une heure pour rentrer, mais nous avions encore envie d'être ensemble une fois cette heure limite passée. Nous nous mettions alors à la fenêtre et écrivions ce que nous voulions nous dire sur une ardoise. Farah écrivait, puis tournait sa tête vers le haut pour me montrer. Je lui répondais à mon tour, et nous arrêtions quand la nuit commençait à tomber. C'est ma meilleure amie d'enfance. Nous étions tous les jours ensemble. Une amie prodigieuse ! Elle était brillante à l'école et obtenait d'excellentes notes, son écriture était soignée, tout était parfait. Elle a eu une éducation plus stricte que la mienne, mais recevait autant d'amour que moi. Concernant la foi, Farah et ses sœurs ont toutes choisi des voies différentes. Certaines pratiquaient, d'autres pas du tout. Leur mère pratiquait l'islam de manière très modérée, et leur père était non pratiquant. Leur éducation allait de pair avec cette tolérance et cette liberté de choisir sa religion. Nous avons grandi ensemble, et aujourd'hui nous sommes toujours amies, rien n'a changé dans notre relation. Une réelle amitié. De celles qui durent même si nous passons du temps sans nous voir.

Au deuxième étage, il y avait cette famille originaire de Casablanca dont nous étions proches également. La mère, Fatna, était une femme plutôt moderne, et son mari était un sportif qui allait courir tous les soirs après le travail. Ils avaient deux filles et un garçon. Les filles étaient nos copines, nous allions chez elles de temps en temps, et nous étions toujours très bien accueillies. Nous sommes restées amies aujourd'hui. Hicham, l'aîné, était l'ami de ma grande sœur Fatima. Lorsque nous avons déménagé au septième étage, notre voisine de palier avait environ soixante-cinq ans. Elle était sourde et muette et marchait avec des béquilles, car elle avait une prothèse à l'une de ses jambes. Elle vivait seule et nous a particulièrement touchés. Elle sonnait souvent quand elle avait besoin de nous. Malgré la difficulté à communiquer, nous arrivions à nous comprendre par un geste, un écrit. Un jour, elle nous donna une feuille avec l'ensemble des signes correspondant à chaque lettre de l'alphabet. Je me suis mise à apprendre et je ressortais cette feuille lorsque je devais lui parler. J'ai commencé par les mots de base : bonjour, merci, au revoir. Elle souriait et posait sa main sur le cœur, je comprenais qu'elle était touchée. Elle était ravie de me voir essayer. Avec mes sœurs, lorsque nous descendions récupérer le courrier à la boîte aux lettres, nous sonnions chez elle pour lui apporter le sien. Elle avait un couple d'amis, sourds et muets également, qui venaient lui rendre

LE 9.3

visite et s'occupaient de lui faire ses courses et de lui tenir compagnie. Elle savait que nous étions là aussi. Ma mère partageait ses repas avec elle. Elle avait plaisir à rendre les gens heureux juste avec un plat, une gourmandise. Ils la rendaient heureuse en retour en lui disant que c'était bon. Elle souriait, elle était fière.

Au-dessus de notre appartement vivait une famille française, très discrète. La femme était d'une douceur incroyable quand elle parlait. Elle avait les cheveux courts à la garçonne et travaillait comme fonctionnaire à la mairie. Son mari était grand, gentil, souriant. Ils avaient un fils unique qui jouait du piano le soir, deux à trois fois par semaine. C'était beau et agréable à entendre. Il était inscrit au conservatoire de musique qui se trouvait à quelques pas de la cité.

Nous pouvions toujours compter les uns sur les autres, comme en cas de grève des transports. Roger, le mari de notre voisine Aziza, nous emmenait à l'école avec ses filles, car son planning en horaires décalés le lui permettait. En cas d'oubli d'un ingrédient pour la préparation d'un plat, les voisins étaient certains de trouver ce qu'il leur fallait dans l'immeuble, il suffisait de frapper à la bonne porte. Le voisinage s'organisait aussi pour emmener et aller chercher les enfants à l'école en fonction de la situation et la disponibilité de chacun. Les personnes malades ou âgées pouvaient compter sur l'un de nous pour faire leurs courses. Lorsqu'il y avait des coupures d'électricité, mon père sortait et s'assurait que notre voisine avait une bougie pour s'éclairer. Quand les uns et les autres partaient en vacances, chacun se confiait les clés de la boîte aux lettres pour veiller à ne pas laisser passer un courrier important.

Nous apprenions à nous connaître entre voisins, nous discutions à chaque fois que nous nous croisions, nous nous intéressions aux autres, parlions de ce qui allait ou pas, de la vie. Nous grandissions ensemble. Nous nous enrichissions également de chacun, de cette diversité que nous découvrions, comme chez cette famille d'origine malienne, qui vivait dans un bâtiment un peu plus loin. Awa, la mère, avait huit enfants, quatre filles et quatre garçons. Quand je me rendais chez elle pour voir ses filles, qui étaient devenues mes copines, elle m'ouvrait la porte et me saluait dans sa langue :
— Oh, Nadia ! Ani sogoma (Bonjour) ! I ka kéné ? (Est-ce que tu vas bien ?)
Elle m'avait appris à lui répondre, alors je lui disais :
— Toro si té (Tout va bien).
— I fa ka kéné ? (Ton père va bien ?) rajoutait-elle.
— Toro si té.
— I ba ka kéné ? (Ta mère va bien ?) demandait-elle

pour terminer.
— Toro si té.
Tout cela en me faisant la bise. À la fin, elle se mettait à rire et me serrait dans ses bras. J'étais la bienvenue chez elle.

Le dimanche, elle recevait souvent des femmes proches et elles se réunissaient autour d'un grand goûter sucré et salé. Elles étaient en tenue traditionnelle, ce boubou coloré confectionné avec un tissu appelé bogolan. Cette tenue était composée d'une longue jupe, d'une tunique longue et d'un ruban sur la tête. L'ambiance était joyeuse, de cette joie de se retrouver et de passer un moment ensemble. Les femmes riaient aux éclats, parlaient fort dans leur langue, se coupaient la parole. Les filles d'Awa étaient toujours apprêtées, elles faisaient beaucoup de soins pour leurs cheveux, mettaient des crèmes sur leur peau. Elles prenaient soin d'elles. L'une d'entre elles, Fatou, était fan d'un chanteur français, Pascal Obispo. Alors, dès qu'une de ses chansons passait, elle prenait une brosse à cheveux en guise de micro et se mettait à chanter. C'était une famille très accueillante. Il m'arrivait de me rendre chez Awa juste pour manger son mafé, un plat traditionnel composé d'un riz blanc et d'une sauce à base de pâte d'arachide. Un vrai délice !

Plus loin dans l'immeuble, il y avait une famille

d'origine algérienne. Abida, la mère, était proche de son fils aîné, Salim, qui était passionné par le chant, les instruments de musique et le raï. L'été, il sortait son synthétiseur et nous faisait le plaisir de nous chanter du raï. Nous nous mettions autour de lui pour l'écouter. Nous avons été son premier public. Aujourd'hui il est artiste, a sorti un album et se produit sur scène de temps en temps.

Mais tout n'était pas rose dans les familles. Le maire de la commune vivait dans les duplex en face. Il est décédé brutalement, après une chute dans les escaliers. Sa femme n'a pas supporté sa disparition. C'était une personne souriante, proche des gens, qui aimait échanger avec les femmes de la cité, malgré les difficultés de certaines avec la langue. La perte de son mari l'a fait sombrer dans l'alcoolisme. Elle passait ses journées au bar. Je me souviens qu'elle sentait toujours l'alcool quand elle me parlait et que ses propos n'avaient parfois aucun sens. D'extérieur, rien n'avait changé, ni sa douceur ni son extrême gentillesse. Mais nous voyions bien qu'elle était rongée par une profonde tristesse qui la poussait à boire pour oublier. Leur fille unique, Marion, était une blonde aux yeux bleus, avec beaucoup de douceur elle aussi. Elle me faisait de la peine. C'était la première fois que j'étais confrontée à une telle situation, et ça m'attristait beaucoup de la voir subir tout ça. Elle n'en

LE 9.3

parlait jamais, mais nous restions avec elle pour lui tenir compagnie et lui changer les idées. Puis sa mère est morte. Marion est devenue orpheline alors qu'elle n'avait même pas dix-huit ans. Nous ne l'avons plus revue après ça. Cette histoire m'a permis de réaliser la chance que j'avais de pouvoir rentrer chez moi pour retrouver mes parents chaque jour.

Chaque famille avait son histoire, sa culture, ses traditions, ses principes, ses difficultés et ses moments de joie. Ce qui nous liait, c'était le respect, l'entraide, le partage et la bienveillance.

Tout le monde se connaissait, plus les années passaient et plus la population changeait. Les locataires vieillissaient et la cité était maintenant composée d'une majorité de seniors qui avaient fait le choix d'emménager en province pour leur retraite. Des gens d'origines différentes s'installaient à leur tour dans la cité. Des Portugais, des Sénégalais, des Antillais, des Algériens, des Marocains, des Tunisiens. Un beau mélange de cultures se dessinait. Une famille allemande était venue en France pour y travailler, le père était professeur de français. Ils avaient deux filles, Sarah et Julia. Chez elles, rien n'était tabou, ils ne connaissaient pas la pudeur. Les filles pouvaient se promener en sous-vêtements, parler de leurs petits copains, les parents s'embrassaient devant leurs enfants. C'était quelque chose qui ne m'était pas familier, ça ne se faisait pas à la maison. Au début, les parents montraient beaucoup d'amour, puis nous avons commencé à les voir se disputer, jusqu'au jour où le mari prit la voiture et quitta sa femme, enceinte de plusieurs mois de leur fils Jacobs. Elle tenta de l'empêcher de partir alors qu'il était déjà au volant, prêt à démarrer. Il la laissa seule sur le parking. Je me souviens qu'elle pleurait en criant de toutes ses forces, c'était atroce. Sarah était devenue notre copine, à Farah et moi. Elle était blonde, avait une veine bleue au niveau de chaque tempe et un front large, qu'elle cachait avec une frange. Elle s'exprimait bien en français, et son visage dégageait de la douceur. Elle avait un hamster, qui finit par mourir et que nous avons enterré sous un grand arbre dans le parking.

Nous avions tissé un lien avec beaucoup de locataires. Certains étaient moins sociables, comme cet homme qui vivait seul au rez-de-chaussée d'un autre immeuble. Quand il n'était pas à sa fenêtre en train de fumer, il mettait le volume de sa musique hard-rock à fond. C'était tellement fort que nous l'entendions même les fenêtres fermées. Il ne souriait jamais, ne nous saluait pas. Plus loin encore, toujours au rez-de-chaussée, habitait un couple d'une cinquantaine d'années avec leur chien. Lorsque nous passions devant leur appartement, nous les entendions souvent

LE 9.3

se disputer, la femme criait sur son mari. Après leur engueulade, elle sortait leur chien, un caniche au poil doux et blanc, et si nous la croisions, elle nous regardait avec sévérité, la cigarette à la bouche et le pas lent.

Dans cette cité, nous avions ce qu'on appelait « la salle », une antenne jeunesse mise à disposition par la commune pour le soutien scolaire et les activités organisées pour les jeunes. Mes parents ayant des difficultés à m'aider pour les devoirs, je m'y rendais quand j'en avais besoin. Je ne leur en voulais pas, ils faisaient déjà de leur mieux. J'y suis allée dès l'âge de dix ans, et jusqu'à mes quinze ans environ. Le groupe d'éducateurs — Véronique, Farid, Patricia et les autres — était présent pour nous aider à comprendre et à pallier nos lacunes. Ils faisaient un travail formidable, toujours dans la bienveillance. La salle était devenue aussi l'endroit où je passais du temps pendant mes vacances scolaires quand nous n'allions pas rendre visite aux membres de la famille en Belgique, en Allemagne, à Lille ou à Bordeaux. Les éducateurs organisaient des événements et des sorties en fonction des saisons et nous proposaient des activités. Nous avions la chance de découvrir un tas de choses auxquelles mes parents n'auraient jamais pensé ou bien qu'ils n'estimaient pas importantes dans l'éducation qu'ils nous transmettaient.

Pendant les vacances de Noël, je participais à la décoration de la salle. Nous commencions par le sapin, j'étais enthousiaste à l'idée de le décorer et émerveillée quand je le voyais s'illuminer à la fin. Il était immense. Ensuite, nous accrochions des guirlandes lumineuses aux murs, et nous dessinions sur les vitres en nous aidant de pochoirs et d'une bombe de neige artificielle. Nous créions une ambiance magique et féérique. Je voulais reproduire cette décoration à la maison, alors je dessinais des sapins sur des feuilles blanches, puis je les accrochais à la fenêtre. Nous ne fêtions pas Noël et n'avions pas de sapin, par conviction religieuse, nous disaient nos parents. Ça ne me dérangeait pas, car je le vivais à l'extérieur. Je n'y voyais rien de religieux, juste un émerveillement face à une ambiance féérique.

Tous les après-midis, les éducateurs organisaient des séances de projection de dessins animés ou de films de Noël, et nous goûtions ensuite. Lorsque le réveillon arrivait, nous avions tous droit à un cadeau.

Nous apprenions également à peindre avec Camillo, un artiste qui habitait une rue voisine, dans un grand loft au plafond très haut, comme s'il vivait dans son propre atelier. C'était un Italien aux cheveux mi-longs et bouclés, il portait une grosse moustache, était petit, et il nous parlait avec son accent chantant. Il

LE 9.3

nous décrivait les différentes peintures, l'acrylique, l'aquarelle, la peinture à l'huile et les autres. Nous le regardions peindre une première fois sur la toile, il avait toutes sortes de pinceaux, l'outil indispensable, puis c'était à notre tour. Nous nous mettions à peindre des fresques à plusieurs, un paysage que nous imaginions. Nous devions faire preuve de créativité, faire en sorte que ce tableau dégage de la gaieté. Camillo nous apprenait à peindre avec le cœur. Après l'avoir laissé sécher, nous étions fiers d'accrocher cet immense tableau sur un mur protégé de la pluie à l'extérieur, sous le balcon de l'un des duplex qui se trouvait au rez-de-chaussée. Ça ajoutait de la couleur dans notre espace de vie commun.

Nous avions la chance de vivre ces moments. Cela nous permettait de créer du lien et de compléter ce que nos parents ne nous transmettaient pas. Grâce à cela, je ne me sentais pas en décalage par rapport aux autres enfants, je faisais même bien plus d'activités que certains qui ne vivaient rien en dehors de ce que leurs parents leur proposaient.

Nous vivions là sans nous rendre compte que nous vivions «dans la cité». Nous vivions là, c'est tout, c'était la douce vie. Ces années ont été marquantes et nous ont laissé un sentiment joyeux, une sensation positive.

Il y a bien évidemment aussi eu des moments plus compliqués, comme avec le fils de cette famille récemment installée. Il était pourtant très gentil, mais il venait d'une autre cité et avait sombré dans la vente de stupéfiants. Un jour d'été, nous sommes sorties avec mes voisines. Nous étions une dizaine et nous avions formé un rond pour jouer au volley-ball. Puis nous avons vu un groupe de jeunes arriver au loin, accompagnés de chiens en laisse et avec des armes à la main. Nous nous sommes regardées et nous sommes dit dans un premier temps qu'il ne fallait pas paniquer. Nous avons alors continué à nous regarder, comme si ce que nous voulions exprimer ne passait pas par la parole, jusqu'à ce que l'une d'entre nous dise : « Je pense qu'on devrait rentrer. » Chacune s'est dirigée vers son logement, en marchant calmement au départ. Puis, après quelques pas, chacune a couru sans s'arrêter jusqu'à son appartement. Une grande bagarre a éclaté. Il n'y a eu aucun blessé, c'était une intimidation. La mère du jeune s'est sentie impuissante. Notre douce vie dans la cité avait été heurtée. Ces jeunes avaient utilisé la violence pour régler leurs problèmes, pour prouver qu'ils étaient forts. Mais cette bagarre était bien loin de toutes les valeurs qui nous liaient et ne pouvait définir en rien notre vie ici.

Ça a été le seul incident de ce genre au sein de

LE 9.3

la cité. Mais cela arrivait ailleurs, dans d'autres départements, d'autres cités, ce qui a valu aux banlieues une image négative. Et cela se répercutait sur l'image de ses habitants au point où, dans le monde du travail, une collègue m'a fait cette remarque alors que j'avais vingt-cinq ans : « Si tu ne m'avais pas dit que tu venais de Seine-Saint-Denis, jamais je ne l'aurais cru. » Ses mots m'ont marquée, choquée et blessée. C'est comme si je portais en moi toute cette population dont elle parlait. Elle avait mis tous les habitants du 9.3 dans le même sac, prenant des cas de violence pour en faire une généralité. Cela nous réduisait à des stéréotypes négatifs et méprisants. Pourtant, sa remarque se voulait positive. Mais ça ne passait pas. Un jugement discriminant laissant place à une immense injustice. Elle nous prenait pour des cancres. J'avais pourtant une multitude d'exemples de personnes qui avaient grandi avec moi et étaient devenus avocat, infirmier, championne de salsa aux États-Unis, professeure de yoga, chanteur, humoriste, médecin, entrepreneur, écrivain, et j'en passe. Tout cela est bien loin de l'idée que cette collègue se faisait des banlieusards du 9.3. Elle n'avait jamais vécu dans ce département, elle s'informait par les médias, qui réduisaient la banlieue à des faits divers. Elle avait tort, mais rien n'y faisait, cette idée était ancrée dans son esprit. Elle ne savait pas que ce département était d'une richesse incroyable, avec plus d'une centaine de nationalités différentes, un territoire de talents, de militants associatifs. Depuis cette remarque injuste, je n'ai cessé d'être solidaire avec toutes ces personnes que l'on juge à travers des chroniques nauséabondes.

À la maison, nous étions partagés entre la culture marocaine et les autres cultures découvertes en France. La culture marocaine prenait beaucoup de place : dans nos plats, avec les chaînes de télévision marocaines en boucle, le dialecte que nous pratiquions avec ma mère, le grand salon marocain, les rideaux, les poufs, les pâtisseries orientales, les msemens (crêpes légèrement feuilletées) qu'elle faisait de temps en temps pour le goûter ou pour les invités, la musique orientale, la décoration, avec ces petits tajines en porcelaine posés sur le meuble du salon, les tableaux, les tenues, comme les gondouras que mon père portait, une tunique ample et longue jusqu'aux chevilles, à manches courtes.

Je n'ai pas connu qu'une seule culture en France, mais plusieurs. Il y avait bien évidemment la langue française, que nous parlions à la maison, les livres d'auteurs français que les professeurs nous demandaient de lire, comme Les Misérables de Victor Hugo. La plupart des films ou séries que nous regardions à la télévision française provenaient d'autres pays, mais cela était traduit en français, comme le dessin animé japonais Princesse Sarah. Je me rappelle aussi le feuilleton portugais La valise en carton, que mes parents suivaient. Il y avait aussi les chansons de Dalida, une chanteuse égyptienne qui était une grande figure de la chanson française. Et bien sûr la gastronomie française : le fromage, la baguette croustillante, les madeleines, le gâteau moelleux au yaourt que nous préparait ma mère. Mais aussi la gastronomie indienne, chinoise, vietnamienne, africaine dans les restaurants, chez les amis de différentes cultures. Le multiculturalisme grandissait en France. Quelle chance ! Ce n'était pas le cas dans la région du Rif. Je ne voyais rien de tout cela.

Nous observions la même chose lorsque nous rendions visite à la famille en Belgique et en Allemagne lors de longs week-ends ou pendant les vacances scolaires. Nous découvrions qu'ils vivaient aussi entre deux cultures.

À Anvers, l'odeur de la friterie qui se trouvait dans la rue où vivaient des membres de la famille nous faisait saliver. Nous allions acheter des frites à chaque fois, mais elles ne remplaçaient pas les frites succulentes que je mangeais au Maroc. En famille, nous communiquions tous avec le dialecte rifain. Cela nous permettait de pratiquer la langue d'origine de nos parents, mais ne nous empêchait pas d'apprendre le flamand, même si la prononciation était difficile. Ce n'était pas une langue qui nous était enseignée à l'école, mais j'essayais quand même. De leur côté, mes cousins apprenaient le français, mais nous gardions l'habitude de parler le tmazight pour que nos conversations soient plus fluides. Ils vivaient tous dans des maisons mitoyennes, les trottoirs étaient propres et larges. Je trouvais les Belges polis et aimables. Il y avait beaucoup d'immigrés marocains, la majorité d'entre eux venaient de la région du Rif. Dans les cafés, ils se regroupaient devant les matchs de football autour d'un verre de thé à la menthe pendant que d'autres buvaient de la bière belge. La culture marocaine était très présente dans les restaurants et les cafés. De nombreuses boutiques vendaient de magnifiques tenues traditionnelles marocaines, des djellabas, des caftans. Tout était raffiné, qu'il s'agisse de gastronomie ou de décoration dans les maisons. Je voyais également des personnes de confession juive orthodoxe, portant fièrement leur kippa et les papillotes, et se mélangeant à toute la population.

En Allemagne, à Düsseldorf, où vivait le grand-oncle de mon père, c'était pareil, nous échangions en tmazight avec mes cousines, même si nous avions également appris quelques mots d'allemand. Il faisait souvent gris quand nous nous y rendions. Nous y rencontrions beaucoup d'immigrés, des Marocains, mais surtout des Turcs. Les plats qu'ils mangeaient étaient copieux. Sur la table du petit déjeuner se mélangeaient des légumes crus, des tomates, des carottes, du pain complet, mais aussi les petits pains blancs qu'ils appelaient brötchen, avec de la confiture et des fruits. De la viande et des œufs s'ajoutaient parfois à cela. Ce premier repas de la journée était comme une tradition. Mes cousines n'allaient à l'école que le matin. L'après-midi, elles faisaient leurs devoirs puis pratiquaient des activités sportives. C'était un autre mode de vie.

Nous avions également de la famille en province, dans le nord et le sud de la France.

À Lille, nous aimions leur côté chaleureux, accueillant. Ils vivaient avec simplicité, dans une cité où régnait la même ambiance que chez nous. Tout le monde se connaissait, partageait et était solidaire.

Du côté de Bordeaux, dans le Médoc, l'ambiance était différente. Notre famille avait une grande maison, ils étaient proches de la nature et entourés de beaucoup d'agriculteurs. Nous allions nous promener dans les vignes qui entouraient ces grands châteaux, nous allions à la plage pratiquement tous les jours en été. Le soir, nous nous rassemblions autour d'un bon verre de thé, de glaces, et nous passions la soirée en plein air, dans leur jardin qui faisait environ cinq cents mètres carrés. Mon père n'oubliait jamais de rendre visite à son ami Allal.

Je prenais goût au voyage, cela faisait partie des choses qui m'animaient. Dès l'âge de dix-neuf ans, j'ai eu l'autorisation de voyager sans mes parents. Il était devenu vital pour moi de découvrir d'autres pays, d'autres cultures et de rencontrer des gens différents. Voyager au plus près des locaux, des habitudes de vie des habitants. Je ne suis pas du genre à m'enfermer dans un hôtel cinq étoiles, cela ne correspond pas à ma vision du voyage. Je recherche l'authenticité. C'est tellement précieux. C'est ainsi que je me nourris et m'enrichis. Découvrir l'autre dans ses différences, le connaître à travers son histoire, sa civilisation, son identité et son appartenance à sa culture. Le voyage m'a forgée. Les personnes que je côtoyais me marquaient à chaque fois. J'apprenais, je comprenais. Quand nous n'arrivions pas à nous comprendre par les mots, à cause de la barrière de la langue, nous laissions place aux émotions, aux sourires partagés, aux gestes. Le langage universel du regard, les expressions corporelles, toutes ces interactions naturelles, voire instinctives, qui permettent de faire un pas vers l'autre se développaient spontanément. Ces voyages ont parfois fait taire les préjugés que je pouvais avoir.

L'immensité des pays, avec tout leur patrimoine culturel et religieux, entre communautés vivant souvent en paix ensemble, me poussait encore plus à développer un esprit de tolérance envers celui qui est différent. J'apprends toujours aujourd'hui de cette diversité en dépassant les frontières françaises.

Notre quotidien à la maison et à l'école

Quand les vacances étaient terminées, nous reprenions notre routine quotidienne. Ma mère se réveillait le matin pour servir son café à mon père, le lui déposait sur la table avec une petite assiette creuse remplie d'huile d'olive et du pain, pendant que lui se préparait. Je l'entendais passer la porte, c'était bientôt l'heure. Ma mère allait arriver avec sa douce voix pour nous réveiller. Nous nous levions pour une nouvelle journée d'école, et, une fois que nous étions prêtes, ma mère nous y accompagnait. Elle l'a fait de nos premiers pas à la maternelle jusqu'à nos années de primaire.

L'école était un lieu où nous apprenions tout ce qui nous était imposé, même ce que nous n'aimions pas. Jusqu'en primaire, ça allait. Une action solidaire organisée par l'école pour les Somaliens m'a d'ailleurs marquée. Les enseignants nous avaient proposé d'acheter des sachets de riz pour les envoyer en Somalie. Nous avions été sensibilisés à la pauvreté et à la famine. Ce genre d'action m'était familière, c'était une valeur qui nous était chère et que nous mettions en application auprès de familles souvent très vulnérables au Maroc. Cela me parlait, et j'avais l'occasion d'aider des Somaliens. La situation était grave, ils mouraient de faim.

Ce jour-là, je me précipitai pour rentrer et l'annoncer à ma mère : « La maîtresse a dit qu'il faut acheter du riz ! On va l'envoyer en Somalie, car les gens meurent de faim ! » Je montrai le mot dans mon carnet à ma mère, même si elle ne savait pas lire. Elle termina la vaisselle, prit son porte-monnaie vert, qu'elle a encore, puis m'emmena au supermarché pour remplir un chariot. J'étais fière et contente de contribuer à améliorer la vie des autres.

À partir du collège et jusqu'à l'université, l'apprentissage était différent. Certains enseignants me donnaient envie d'apprendre, ils rendaient leurs cours vivants, ils étaient dans l'échange. En revanche, d'autres faisaient leurs cours comme s'il n'y avait personne devant eux et partaient. Comme cette professeure d'histoire-géographie au lycée. Grande et mince, avec le teint blanchâtre et une coupe au carré, elle se tenait droite et ne souriait jamais. Elle ne nous regardait même pas. Je ne me souviens que de son dos et de son profil. Elle parlait sans s'arrêter et, quand elle nous posait une question, elle n'attendait pas longtemps avant de répondre à notre place.

J'étais une élève très bavarde, je n'arrivais pas à me concentrer en classe. Les seules matières qui m'intéressaient et attiraient mon attention étaient celles que je considérais comme utiles, qui pourraient me servir. J'aimais aussi quand nous passions des moments sympathiques entre camarades et enseignants pendant les cours. J'aimais la biologie pour mieux comprendre le corps humain, notre environnement, la vie animale et végétale. J'aimais le théâtre que nous pratiquions en cours de français, où nous devions transmettre des émotions à travers nos textes. D'autres matières suscitaient ma curiosité. J'aimais les langues étrangères, notamment l'espagnol pour échanger lors des voyages vers le Maroc, les cours de sciences économiques et sociales pour comprendre le monde dans lequel nous vivions, le sport, qui nous donnait l'occasion de nous dépasser collectivement et de nous dépenser.

J'appréciais également les cours proposés en dehors du programme pour nous faire découvrir d'autres horizons. Je m'étais inscrite au club de photographie.

J'apprenais à prendre des photos d'illusion d'optique, à changer les objets de place et les perspectives. Les résultats étaient parfois illogiques et surprenants, comme la photo d'une camarade de classe qui en porte une autre sur sa main. Ce qui me plaisait le plus, c'était surtout de comprendre comment capter l'émotion naturelle d'une personne à travers une photo, quelque chose qui raconte un rire aux éclats, une tristesse, une complicité. Le deuxième cours auquel je m'étais inscrite était la danse africaine, c'était une élève du collège, Penda, qui avait proposé de nous enseigner le coupé-décalé. L'école était ouverte à ce genre d'initiatives. Il y avait une belle connexion entre les uns et les autres, une bonne ambiance entre nous, peut-être même un peu trop parfois.

Je me souviens des cours de musique où notre enseignant délaissait la flûte, car nous n'aimions pas en jouer, pour nous faire chanter. Je me rappelle ce jour où nous devions interpréter une chanson de notre choix au micro devant toute la classe, à tour de rôle. J'avais choisi « Killing me softly », des Fugees. Au début, un grand stress m'a envahie, mais tous mes camarades m'ont encouragée à continuer. J'ai commencé à me sentir à l'aise, petit à petit, alors je me suis mise à chanter comme une vraie diva ! Tout le monde s'est levé pour chanter le refrain avec moi, avant de m'applaudir ! Leurs encouragements m'ont

LE 9.3

aidée à sortir de cette timidité devant eux. Même l'enseignant reprenait goût à son métier, je le voyais sourire. Il avait réussi à capter notre attention. Nous étions devenus plus attentifs à la musique classique et aux instruments. Nous avons même écrit une chanson qui faisait se rencontrer deux styles que tout opposait : rapper sur une musique classique. C'était un beau projet. Et enfin un enseignant qui avait su nous donner envie de participer ! Peut-être qu'il avait compris, à force de nous écouter jouer de la flûte, que les chansons du moment, de notre quotidien nous parlaient plus, notamment le rap. Nous aimions NTM et leurs morceaux, surtout ceux qui m'ont fait découvrir ce groupe : « Qu'est-ce qu'on attend ? » et « Seine-Saint-Denis Style ». J'aurais pu en chanter une, mais je n'avais pas l'attitude d'une rappeuse. Écouter oui, mais rapper non. J'aimais particulièrement les paroles, qui soulevaient les constats du monde, criaient leur existence. Les mots venaient des tripes, du cœur, ils exprimaient une révolte, un plaidoyer sincère. Tout ce que j'aimais.

On retrouve, en Seine-Saint-Denis, cette authenticité, cette simplicité, cette culture urbaine, ce style. Un département spécial et poétique qui cherchait à se faire entendre à ce moment-là.

Mon père ne suivait pas vraiment mes cours. Il

regardait le carnet de correspondance de temps en temps, faisait semblant de le lire et me le rendait. Il attendait la remise des bulletins afin d'échanger avec les enseignants. Il leur disait à chaque fois : « Ma fille, elle a un bureau à la maison, elle a tout ce qu'il faut pour bien travailler à l'école. » À croire que c'était tout ce dont j'avais besoin. Ça me faisait rire. Il arrivait toujours à faire rire les enseignants aussi. À la fin des rencontres, mon père retenait que dans l'ensemble c'était bien, que j'avais du potentiel, mais que je bavardais un peu trop en cours.

Pendant toute ma scolarité, j'ai connu une mixité sociale, religieuse et culturelle dans ma classe, cette même mixité que je connaissais bien dans la cité. Jusqu'en primaire, la différence ne se voyait pas vraiment dans nos esprits, nous étions tous pareils. Ce qui nous différenciait, c'était notre personnalité. C'est à partir du collège que les différences des uns et des autres ont été soulevées avec des phrases telles que « Chez vous, les… ». Ça restait de la taquinerie, de l'humour, nous riions de nos différences culturelles notamment. Nous n'avons jamais ressenti cela comme de l'exclusion, bien au contraire, cela facilitait les liens. Nous appréciions cet humour, il faisait partie de notre environnement, même si ces plaisanteries heurtaient parfois la susceptibilité de certaines personnes. Nous connaissions et avions l'habitude de côtoyer ces différences depuis notre plus tendre enfance. Et c'était toujours une belle découverte d'une autre culture. Je me souviens par exemple de Marie, une camarade de classe marocaine et de confession chrétienne, ou bien d'Etan, un Tunisien de confession juive. Avant de les rencontrer, je ne savais pas qu'il existait d'autres religions que l'islam au Maghreb ou qu'il était possible de s'appeler Marie pour une Marocaine. D'ailleurs, la première église que j'ai vue au Maroc était à Tétouan. Nos différences ne changeaient rien à notre amitié, mais je découvrais la riche diversité de l'humanité grâce à ces rencontres.

Une fois nos journées respectives terminées, nous nous retrouvions en famille vers 18 heures, heure à laquelle mon père rentrait du travail. C'était aussi l'heure du thé à la menthe. Mes parents se donnent encore rendez-vous à cette heure-là pour boire le thé. Ils ont toujours eu des choses à se dire. Je n'arrivais jamais à les suivre dans leurs discussions, mais je remarquais cette connexion entre eux.

J'attendais avec impatience que mon père soit de retour à la maison. C'était le moment que tout le monde attendait en réalité. Il rentrait avec son bleu de travail, son bonnet l'hiver, et sa transpiration l'été. Il dégageait l'odeur de celui qui avait fourni des efforts physiques toute la journée. L'entrebâilleur de porte était souvent mis, ce qui l'empêchait d'ouvrir lui-même avec ses clés. Quand il frappait, je savais que c'était lui, je le reconnaissais à sa façon de faire. J'aimais lui ouvrir. Il posait la gamelle que ma mère lui avait préparée la veille sur la table, m'embrassait, allait se doucher, priait, puis nous nous installions dans la cuisine. C'était un moment convivial. Je m'asseyais toujours à côté de mon père. C'était ma place. Je me souviens que, quand j'étais petite, il me versait le thé très chaud et ma mère me le refroidissait en utilisant un autre verre. Elle le transvasait d'un verre à l'autre en soufflant dessus. Cet instant où nous nous retrouvions tous autour d'un thé à la menthe était le meilleur moment de la journée. Notre routine quotidienne.

Très souvent, Aziza, notre voisine franco-kabyle du cinquième étage, s'invitait à notre table à l'heure du thé. Elle aimait se joindre à nous. Elle venait chercher des magazines que mon père rapportait du travail. Elle frappait à la porte à l'heure où nous étions tous assis. Un peu comme si elle savait à quel moment nous étions à table. C'était toujours un plaisir de la recevoir, elle faisait partie de la famille et était la bienvenue. Elle me parlait comme si j'étais sa fille, elle m'a conseillée pendant mon adolescence, elle était aussi un repère pour ma mère, qui ne maîtrisait pas bien la langue française. Elles échangeaient en dialecte de leurs

LE 9.3

régions respectives et se comprenaient. Je trouvais ça incroyable, deux pays différents se comprenaient en parlant leur propre dialecte. Elle aidait ma mère à mieux maîtriser le français. Ma mère apprenait de plus en plus grâce à elle.

Le week-end, le rythme était différent. Le samedi, c'était le jour du marché. Lorsque mon père ne travaillait pas, il s'y rendait le matin avec ma mère, après leur café. Il m'arrivait aussi d'y aller seule avec lui. J'aimais bien nos sorties, je l'accompagnais dès que j'en avais envie. Nous profitions de ce jour pour acheter des fruits et des légumes, mais surtout du poisson frais. Nous commencions par le poissonnier pour prendre des sardines et des tranches de merlan. C'était le vendeur qui criait le plus fort au marché. Je l'entendais hurler : « Les sardines fraîches, les sardines fraîches, regardez-moi comme elles sont belles ! »

L'ambiance était joyeuse. Ce qui m'intéressait, c'était de passer à côté des stands de jouets ou de vêtements. J'étais capricieuse et, quand je voulais que mon père m'achète un article et qu'il refusait, je me mettais à pleurer. Ça m'attristait vraiment, alors il finissait par céder. Je lui serrais la main très fort, cette main qui donnait tant, de peur de me perdre au marché, dans cette foule où les gens se bousculaient parfois. Des vendeurs d'origine indienne la plupart du temps tenaient des stands de tissus devant lesquels les femmes se regroupaient. Ils vendaient des tissus pour confectionner des robes traditionnelles marocaines, des djellabas, ou des vêtements classiques. D'autres étalages étaient tenus par des Sénégalais ou des Maliens, qui vendaient du mafé et d'autres plats traditionnels. Des Maghrébins tenaient des stands où nous pouvions acheter du pain marocain, des pâtisseries orientales ou tout simplement boire un thé à la menthe. Nous entendions des rires, des discussions, une réelle convivialité. Les vendeurs étaient toujours pleins d'énergie, même en période hivernale, sous la pluie ou sous une forte chaleur. Nous rencontrions souvent des proches, qui venaient flâner également, c'était l'occasion de discuter, et aussi de les inviter à la maison. C'était un lieu de rencontres, de bonnes affaires et de découvertes.

Le samedi au déjeuner, c'était comme au Maroc, je retrouvais les mêmes plats sur la table. Une assiette de sardines fraîches accompagnées de la sauce cuisinée avec des tomates, des oignons rouges, de la coriandre et de multiples épices. Ma mère nous faisait souvent du pain maison, qu'elle posait sur la table encore tout chaud. La radio était allumée sur une fréquence orientale pour entendre l'appel à la prière. Mes parents priaient, puis nous nous mettions à table. Les seules différences avec le Maroc, c'est qu'ici nous mangions

LE 9.3

assis sur des chaises et que chacun buvait dans son verre. Une fois la table débarrassée et la vaisselle lavée, c'était l'heure de la sieste pour la digestion pendant une bonne partie de l'après-midi. Mes parents faisaient souvent la sieste sur deux canapés perpendiculaires dans le salon. J'aimais m'allonger à côté de mon père et m'endormir dans ses bras quand j'étais petite. Parfois, je voyais mes parents se tenir la main d'un canapé à l'autre. Je trouvais ça vraiment mignon, il y avait beaucoup d'amour dans ce geste affectueux.

Presque tous les samedis soir, nous recevions de la famille ou des amis qui avaient immigré en France. Mon père a toujours aimé rassembler à la maison, organiser des soirées de fous rires, d'anecdotes, de gourmandises. Il faisait les courses et apportait tout le nécessaire pour que ma mère s'occupe du repas. Elle y passait la journée, elle prenait réellement plaisir à cuisiner. Une vraie cheffe ! Ses plats étaient succulents. Elle préparait principalement des plats marocains, des recettes qu'elle nous a transmises. Une femme doit savoir cuisiner, comme me disait ma mère. Nous sortions les couverts que nous gardions pour les invités. Nous commencions toujours par préparer une entrée, une grande assiette de salade composée, ensuite le plat principal variait. Cela pouvait être un couscous au poulet avec des oignons caramélisés ou du poulet cuit au four avec une sauce cuisinée à part, avec du citron et des olives. Elle pouvait préparer aussi un gigot d'agneau, qu'elle faisait mariner quelques heures avant de le mettre au four, avec des pruneaux et des amandes grillées qu'elle ajoutait sur la viande, ce qui apportait une touche sucrée et croustillante. Pour le dessert, c'était à chaque fois un panier de fruits que nous avions achetés au marché. Ma mère aurait pu devenir traiteur, tout le monde raffolait de ses plats.

Mon père cuisinait très rarement. Ses plats, souvent relevés, avaient une bonne saveur, un goût différent. L'un des plats que mon père cuisinait le mieux était le tajine de viande aux légumes. Il les coupait grossièrement, il avait une autre façon de faire. Ce qui comptait pour lui, c'était le goût. Ma mère, elle, prenait plus de temps, elle voulait que ce soit bon et beau. En plus, mon père n'était pas doué pour nettoyer et ranger après avoir cuisiné.

Les week-ends passaient vite, et lundi arrivait. Mon père aimait travailler, il était toujours aussi impliqué et vaillant. Il était devenu très polyvalent, car il avait touché à toutes les activités à l'usine.
Marcel, son patron, le reçut dans son bureau un matin :
— Bonjour, Ahmed.

LE 9.3

— Bonjour, patron.
— Comment vas-tu ?
— Je vais bien, on ne va pas se plaindre.
— Très bien. J'ai une proposition à te faire, Ahmed !
— Je vous écoute, monsieur.
— Tu es arrivé dans l'usine avec beaucoup de volonté, tu es vaillant, tu as vite appris, et tu connais bien les différents pôles et notre métier.
— Merci, monsieur. C'est normal, je fais ce que je peux, même si parfois je fais des erreurs.
— Oui, mais c'est comme ça que l'on apprend, Ahmed. Ça arrive.
— Oui, monsieur.
— Je te propose de passer chef d'équipe pour que tu aies sous ton aile des personnes que tu vas aider et suivre dans leur travail.
— Oh là là, je ne pense pas être capable, monsieur. Je ne sais pas ce que c'est d'être chef d'équipe.
— Ahmed, tu vas juste apprendre aux membres de ton équipe ce que toi tu sais et t'assurer que le travail soit bien fait.
— Monsieur, je ne sais pas si j'y arriverai. Je vous propose d'essayer à une seule condition : si je ne me sens pas bien à ce poste, je reviens là où j'étais.
Son patron se leva, lui serra la main fermement et lui répondit :
— C'est entendu, Ahmed !
Mon père repartit à son poste perturbé, sans même

parler du salaire, qui ne bougerait d'ailleurs pas. Il avait peur des nouvelles responsabilités qui lui avaient été données. Ne pas y arriver serait un échec pour lui, et le scénario catastrophe de se faire virer parce qu'il n'avait pas réussi lui venait en tête. Il retenait tout de même que c'était un essai. Après avoir réfléchi à cette proposition, il savait que ce qui l'intéressait dans ce poste, c'était surtout d'accompagner les membres de son équipe dans leur évolution.

Après dix ans en tant que cariste, il se vit donc propulsé au poste de chef d'une équipe de caristes. Il prit son nouveau rôle au sérieux. Il pouvait être dur en tant que chef, mais il disait que c'était pour les faire progresser plus vite et les «mettre sur les rails». Il se voyait en eux à ses débuts, et il voulait les aider à s'améliorer à leur poste, dans leur savoir-faire et leur savoir-être. Il leur demandait du sérieux dans leur travail. Pour lui, ça commençait par arriver à l'heure. Un des membres de son équipe n'était pas facile à gérer. Il n'en faisait qu'à sa tête et n'écoutait pas. Mon père décida, un matin, de lui remettre tout son matériel de chef : ses clés, son badge, son talkie-walkie. Il lui demanda de lui donner ses gants, qu'il enfila, puis il lui dit, devant toute l'équipe qu'il était en train de débriefer :
— Maintenant, c'est toi, le chef ! Dis-nous ce que nous devons faire, parce qu'apparemment c'est toi

qui décides ! On t'écoute.
— Bah, non ! C'est toi, le chef ! lui rétorqua l'employé, embarrassé.
— Non, dis-moi, dis-nous ce qu'on doit faire.
Et mon père commença à lui poser des questions techniques.
— Je ne sais pas, moi !
— Alors si tu ne sais pas, pourquoi tu n'écoutes pas ?
— Bon, d'accord ! Rends-moi mes gants, Ahmed.
Il se sentit bête devant l'ensemble de ses collègues et arrêta son attitude désinvolte envers mon père.

Au bout de quelques années, mon père acquit toutes les connaissances du domaine d'activité et était capable de savoir si un investissement pouvait être rentable ou pas pour l'usine. Il faisait parfois des déplacements avec les équipes commerciales, il était souvent consulté avant les prises de décision. Il leur a même évité de perdre près de cinq cent mille francs à l'époque.

Mon père était réellement investi. Il lui arrivait de penser au travail, à des solutions, quand il s'apprêtait à dormir. Un jour, un architecte est venu dans l'usine pour proposer une solution d'optimisation de l'espace. Le lendemain, après une réunion d'une demi-journée, Marcel demanda à ses employés ce qu'ils en pensaient et s'ils avaient des idées. Mon père

fit alors sa proposition. Il se mit à dessiner sa vision, son plan sur une grande feuille blanche :
— Pour gagner de l'espace, il faudrait mettre ça là, puis ça ici, et ça par-là.
Puis il déposa son plan à côté de celui de l'architecte. D'autres firent aussi leur proposition et la déposèrent à leur tour sur la table. Le patron se leva, prit un feutre rouge, puis fit une croix sur les plans. Sauf sur celui de mon père.
— Celui-là, c'est celui qu'on prend. Bravo, Ahmed !

Mon père était fier et prenait de l'assurance. Celui qu'on voyait comme un étranger de sous-classe avait fait une meilleure proposition qu'un architecte avec de longues années d'études.

Il vécut beaucoup de situations dans lesquelles il dut faire preuve d'ingéniosité. Ses collègues en vinrent même à l'appeler le magicien pendant une période. Il réussissait souvent à les sortir de situations délicates, quand personne ne trouvait de solution.

Lors d'un événement rassemblant les employés autour d'un buffet déjeunatoire, Marcel s'approcha, enleva son manteau, et le tendit à mon père en lui demandant de l'échanger avec lui contre sa veste bleue de travail. Chacun enfila la veste de l'autre, et Marcel lui dit : « C'est toi le chef, Ahmed. » Ils prirent une photo ensemble. Une photo que mon père garda en souvenir.

Il se rappelle aussi le discours lors du pot de départ de Marcel, qui fut son tout premier patron : «Je ne partirai pas les mains vides de cette société, mais avec le souvenir d'Ahmed, qui a été un exemple de salarié qui a contribué à la croissance de l'entreprise !» Mon père était fier de cette reconnaissance.

Il eut deux médailles d'honneur au travail, une lors de ses vingt ans d'ancienneté, l'autre pour ses quarante ans à l'usine. Il nous disait souvent avec son accent : «Dommage, j'ai des difficultés en français, sinon je serais devenu directeur. Ils n'y connaissent rien, c'est moi qui les aide à prendre des décisions.»

La langue était un véritable obstacle, mais il avait confiance en lui malgré tout. Même s'il s'était amélioré en français, ça ne suffisait pas. D'ailleurs, c'est toujours un peu amusant quand il s'exprime. Ses fautes, son accent. Pour rien au monde je ne voudrais qu'il change sa manière de parler ! Son accent raconte une histoire, celle d'avoir grandi ailleurs, dans un pays où la culture est différente. Il arrive même à réinventer des mots. Il a son propre lexique. Au lieu de dire «il faut réfléchir» par exemple, il dit : «Fléchir, il faut fléchir bien.»

Il avait acquis toutes les connaissances nécessaires, était très sérieux dans son travail, impliqué à 100 %. Une valeur sûre aux yeux de sa direction, une personne sur laquelle l'entreprise pouvait compter.

Il travaillait les week-ends, ne comptait pas ses heures. Il voulait gagner plus d'argent pour en faire profiter sa famille et commencer à construire sa vie.

« Dans la vie, il y a deux choses importantes : la santé et l'argent. Tu ne peux rien faire sans les deux. »

Son objectif, en arrivant en France, était de gagner de l'argent pour se construire un avenir heureux. Cela nécessitait de réduire ses dépenses et économiser. Les sorties étaient donc rares, le seul grand concert auquel il a assisté, c'était en 1983 à Paris. Nass El Ghiwane, un groupe marocain de Casablanca, une ambiance euphorique. Il se rendait aussi parfois au restaurant à Barbès, avec ses copains, pour manger à la bonne franquette. Il vivait bien loin de la société de consommation.

« Avant ce n'était pas pareil, les gens avaient la valeur de l'argent », nous disait-il souvent.

Quand il donne de l'importance à l'argent, c'est toujours mesuré. Être avare ou faire des dépenses inutiles, ce n'est pas pour lui. Il a sans cesse cherché à réduire les dépenses et utiliser l'argent intelligemment,

LE 9.3

comme il le dit.

Finalement, il se sentit plutôt bien à ce poste, même si gérer une équipe n'était pas facile. On ne le lui avait pas appris. Il y eut pas mal de conflits, il ne comprenait pas pourquoi certains n'étaient pas sérieux dans leur travail, n'arrivaient pas à l'heure et pourquoi il devait sans cesse être derrière eux. Ils avaient la chance de travailler. Il continua malgré les difficultés qu'il rencontrait. Son salaire finit par augmenter légèrement. Il n'a jamais osé demander plus, il faisait des heures supplémentaires qui lui faisaient croire qu'il avait un bon salaire à la fin du mois.

Après plusieurs années, on lui proposa un poste à la direction, car il était considéré comme le bras droit du patron pour les prises de décisions stratégiques, malgré ses lacunes en français et en bureautique. Il se sentait tellement à l'aise dans son travail et débordant d'intelligence que ça ne l'étonna pas. Mais son français ne s'était pas amélioré et il ne s'estimait pas du tout capable de prendre ce poste avec cette lacune. Son patron le rassura en lui disant qu'il aurait une assistante qui s'occuperait de tout pendant que lui serait chargé de diriger l'ensemble des ateliers, mais mon père refusa.

Au-delà de la non-maîtrise de la langue française, sa foi avait parlé. Cette foi en lui qu'il avait peur de perdre. À l'époque, la religion était taboue, il y avait très peu de mosquées, très peu de halal, il n'était pas reconnu dans son identité globale. La pratique de sa foi était compliquée et devait se faire discrètement.

« Le mois du ramadan était difficile. Lorsque l'heure de la rupture du jeûne arrivait, je devais manger sans que l'on me voie. Une fois, je me suis fait surprendre, mais je travaillais en même temps. »

Son patron lui avait dit : « Ce n'est pas l'heure de manger, mais de travailler. »

Après le travail, les membres de la direction se retrouvaient souvent au bar, où ils buvaient de l'alcool. S'ajoutaient à cela les sorties en boîte de nuit. En devenant directeur, il aurait fait partie du groupe pour éviter de se sentir à l'écart. Ce choix de ne pas accepter ce poste, c'était pour être cohérent avec sa vision future de ce qu'il souhaitait devenir. Il préféra garder son poste de chef d'équipe, il voulait mener une vie simple.

« Je ne voulais pas emprunter ce chemin. »

Mon père a toujours paru jeune, à tel point qu'à mon adolescence mes copines me demandaient si c'était mon grand frère quand elles venaient à la maison. Il aimait bien ça et s'en servait pour titiller ma mère. Il nous disait : « Le problème, c'est que quand je sors avec ta mère, on me demande si c'est ma grand-mère. » Et il explosait de rire. Heureusement que ma mère n'est pas susceptible ! De son côté, elle profitait de son amour pour le bricolage pour se moquer. Je me souviens de cette fois où il a voulu repeindre un endroit de la façade. Il est monté sur l'escabeau sans prendre le temps de bien le positionner, et il est tombé. Ma mère l'avait pourtant prévenu, comme à chaque fois. Quand mon père dit qu'il va bricoler, elle peut être sûre qu'il va se blesser ! Alors elle prépare toujours les pansements et se moque gentiment de lui : « Ahmed, ce n'est pas fait pour toi, arrête. » Elle possédait même un petit répertoire dans lequel mon père lui avait écrit tous les numéros d'urgence. Elle y avait entouré celui des pompiers et du SAMU en rouge pour les composer en cas d'accident domestique.

À l'âge de cinquante ans, mon père se rendit chez son médecin après avoir ressenti des douleurs à la poitrine, accompagnées d'essoufflements. Celui-ci l'envoya faire une prise de sang, et les résultats montrèrent un taux élevé de mauvais cholestérol. Le médecin lui prescrivit un médicament et lui imposa de nouvelles habitudes alimentaires. Mon père accepta la situation et adopta un régime strict. Il ne savait pas comment s'y prendre, mais ma mère était là pour le rassurer. Elle s'occupa de lui, elle lui prépara ses repas de légumes sans matière grasse, retira le fromage et le beurre qu'il aimait tant de ses achats et les remplaça par des fruits secs, source de fibres. Malgré ce régime alimentaire, il faisait des crises d'angines de poitrine.

Les artères du cœur avaient été touchées. Avec mes sœurs, nous ne mesurions pas vraiment la gravité de la situation. Néanmoins, nous étions observatrices et nous voyions notre père malade et souffrant parfois d'essoufflement excessif.

Après quelques années, son état ne s'améliora pas et le médecin décida de l'opérer du cœur. Je vis pour la première fois mon père sur un lit d'hôpital, je restai silencieuse face à cette situation. Je me souvenais de la peur constante qu'il avait de nous perdre. Cette fois, les rôles s'inversaient. Je ressentais au fond de moi cette tristesse et cette peur de le perdre à mon tour. La veille de son opération, je décidai de le contacter pour l'entendre, il me dit que tout allait bien et, à la fin de notre conversation, il termina avec une voix émue : « Merci de m'avoir appelé, Nadia ino, prends soin de toi. » Je raccrochai et les larmes coulèrent sur mon visage. Et si c'était la dernière fois que je lui parlais ? Je ne dormis pas du tout, je priai toute la nuit et invoquai Dieu pour que l'opération se passe bien et que son cœur continue de battre.

L'opération se déroula très bien, et mon père rentra enfin à la maison. Il allait mieux, gardait une alimentation saine, mais faisait parfois quelques écarts. Il se rendait régulièrement chez son cardiologue et poursuivait la prise de son médicament, à vie.

Nous avons repris nos vies. À la maison, la règle était

de vivre en paix. Cela signifiait qu'il ne fallait pas se disputer. Mon père a toujours eu du mal à gérer les conflits, cela le rendait malade. Ma mère était épuisée de nous voir nous chamailler, elle avait donc cette chaussure en plastique qu'elle brandissait pour nous persuader d'arrêter. Quand mon père était présent, nous faisions parfois semblant de nous entendre avec mes sœurs. Mais il voyait très bien que nous ne nous parlions pas. Nous ne pouvions rien lui cacher. Alors, il se plongeait dans le silence, le visage fermé, et nous comprenions qu'il avait remarqué que ça n'allait pas. La paix ! C'était la règle !

Quand il sortait de son silence, c'était pour nous dire : «De quoi avez-vous besoin? Qu'est-ce qu'il vous manque? Il n'y a aucune raison pour que vous soyez tristes ou que vous vous disputiez.» Il revenait souvent sur son histoire, son immigration en France et nous racontait ce qu'il définissait comme étant «la misère», alors que nous, nous avions tout.

Je le vois encore taper légèrement sur la table et dire avec son accent : «Moi, quand je suis arrivé en France, c'était la misère totale, il a fallu que je me batte pour y arriver!»

Nous connaissions l'histoire par cœur. Nous l'écoutions, puis lui répondions «pardon». Je faisais taire son énervement ainsi, comme lui savait faire taire une contrariété qui naissait en moi par une simple phrase touchante. Et puis nous n'avions absolument rien d'autre à dire, ce qu'il nous racontait nous faisait de la peine, il avait raison.

Avec mes sœurs, nous avons grandi en développant des caractères différents. Nous avons vécu des moments qui nous rapprochaient et d'autres qui nous éloignaient, mais nous avons appris à nous respecter. Nous avons aussi, et c'était souvent sujet de discorde, des visions différentes de la vie. Mais nous savions que nous ne pouvions jamais rompre ce lien unique que nous tissions. Nous avons le même sang. La famille est un repère, et nous nous aimons. Cet amour rend notre relation solide et prend le dessus à chaque fois. Nous savons que nous pouvons compter les unes sur les autres dans les bons comme dans les mauvais moments que la vie nous offre.

Notre entente est importante aux yeux de mon père et de ma mère. Nous tentons d'en prendre soin.

Mon papa d'amour

« À mes yeux, Nadia, tu es comme une pierre précieuse dans un écrin, ne l'oublie pas ! »

Certaines phrases m'ont marquée, et celle-ci en fait partie. C'était la réponse inattendue de mon père à une remarque que je lui avais faite, parce que j'avais le sentiment qu'il était tout le temps derrière moi. Avec ces mots, je sus à cet instant la valeur que j'avais à ses yeux. Je me suis sentie bête. Mon père avait éteint en quelques secondes la contrariété qui naissait en moi.

Je savais pourtant qu'il m'aimait, mais il me l'avait dit si joliment cette fois. J'étais touchée, et cette phrase resta gravée dans mon esprit et dans mon cœur. Je l'emporte partout avec moi.

J'ai toujours été très attachée à mon père. L'accompagner lors de ses sorties quand j'étais petite était un plaisir. J'aimais bien me positionner à côté de lui quand nous regardions la télé ou pendant qu'il priait, pour imiter ses gestes. Je me sentais en sécurité près de lui.

Plus je grandissais et plus je m'apercevais d'une forte sensibilité, un peu trop présente en moi. L'intensité de ce que je ressentais me poussait souvent à exprimer ces émotions qui m'envahissaient. Je ne luttais pas, surtout quand mon père était le déclencheur de celles-ci. Je disais ce que je pensais. J'avais ce besoin vital de me libérer, d'être sincère. Ce besoin qu'il me comprenne.

Mon père n'appréciait pas qu'on lui réponde. Je le faisais donc avec beaucoup de tact, pour que cela soit reçu comme un échange, et non une attaque ou un manque de respect. Il m'en voulait parfois, et en même temps il aimait voir sa fille grandir avec du caractère. Il a également su déceler en moi cette fragilité intérieure. Mes sœurs ne vivaient pas leurs émotions avec la même intensité. Elles avaient du mal à me comprendre, et cette incompréhension pouvait les pousser à me dire : « Il ne te dit jamais rien à toi quand tu lui réponds. »

Mon père a toujours été très proche de ses filles. Attentionné et protecteur. Avec moi, il l'était un peu plus. Nous avions une relation privilégiée, une complicité. Un lien solide qui aurait pu se rompre à certains moments, mais l'amour prenait systématiquement le dessus et le renforçait. Il n'avait qu'un objectif pour nous, c'était de nous rendre heureuses, et c'est ce qu'il a fait et continue de faire.

La seule chose qu'il nous demandait en retour, c'était de préserver un havre de paix à la maison et de laisser à l'extérieur tout ce qui n'allait pas. Il tenait à cette règle : « La vie n'est pas facile, on peut avoir plein de problèmes, mais nous devons retrouver un havre de paix quand nous mettons les pieds à la maison. » Lui ne laissait rien paraître quand ça n'allait pas.

À partir de mon adolescence, cette règle a parfois été difficile à respecter. Faire semblant que tout allait bien, alors que la journée ne s'était pas bien passée ou qu'une épreuve était venue s'incruster dans ma vie, ce n'était pas pour moi. De toute façon, cela se voyait sur mon visage, je n'ai jamais eu de masque, au contraire. On a souvent défini mon visage comme étant « expressif ». Mon père ressentait mon mal-être sans même que j'aie à le lui exprimer. Il a toujours eu un instinct très fort. Il me connaissait, il le savait, juste en me regardant.
« Aujourd'hui, ça ne va pas, Nadia ! »
Face à cela, il a toujours eu des paroles réconfortantes et rassurantes. Il me disait, sans attendre de réponse de ma part : « Tu vois, les secondes qui passent ne se renouvelleront pas. Profite de la vie, tu as tout, regarde bien. Si tu trouves que le temps défile, que la vie court, alors cours toi aussi ! »

J'avais parfois besoin d'un peu de temps pour comprendre ses propos, mais ce qu'il me conseillait finalement avec ces mots, c'était de vivre l'instant présent de la meilleure manière qui soit. Rien ne devait m'empêcher d'avancer. Avancer comme la vie elle-même avance, tout simplement. Et, si un obstacle se mettait sur mon chemin, je devais prendre le temps de me relever, puis continuer d'avancer.

Il n'a jamais supporté que l'on se laisse aller. J'ai mis du temps à apprendre à gérer mes émotions. Quand j'étais blessée, je le ressentais intensément. Alors je me suis mise à appliquer cette méthode qu'il m'avait donnée. Ces mots, ces conseils venaient de celui qui avait toujours été là pour moi, celui qui était toujours prêt à décrocher la lune pour ses filles. Je lui faisais entièrement confiance.

Mes émotions se traduisaient parfois par des larmes qui coulaient lorsque j'en avais envie et que j'étais incapable de les retenir, mais je continuais de vivre. Un peu comme si je portais une douleur en moi, mais que j'avançais tout de même. Je devais en quelque sorte prendre le dessus sur la douleur jusqu'à ce qu'elle s'estompe, puis qu'elle parte.

Mon père a toujours voulu que l'on devienne des femmes fortes, courageuses. Et j'avais envie de l'être. Je l'avais bien compris, être une femme forte, ce n'était pas cacher ses émotions, mais plutôt trouver la meilleure attitude à adopter face à elles. Mon père parlait surtout de la tristesse et de la colère. Ces deux émotions qui nous empêchent d'être en paix, selon lui. Alors, pour lui, il fallait les écouter, les ressentir, attendre un peu, prendre du recul et se relever. Toujours se relever, le plus vite possible. Et cela fonctionnait.

Mon père a été présent tout au long de ma vie. Il me voyait grandir et voulait que j'emprunte le bon chemin. Il avait sa vision du bon chemin, qui n'était pas toujours en accord avec la mienne.

Il commençait à porter beaucoup d'attention à mes fréquentations, à la manière dont je m'habillais, ainsi qu'au langage que j'utilisais. Et je ne parle pas de l'élocution, mais plutôt de ma façon de m'exprimer. Pas de familiarité, pas de vulgarité dans mes propos. Toujours à cette période d'adolescence, où je commençais à sortir avec mes amies, il avait cette peur permanente que je dévie, que je me fasse mal influencer et que je ne prenne pas le bon chemin, celui qu'il avait prévu pour moi. Il était dans le contrôle. Il faisait donc attention à mes fréquentations et il a carrément choisi mes amis. Il me disait juste : «Je ne veux pas te voir avec untel et unetelle…» Et j'obéissais.

Je ne le comprenais pas au début, car il ne me l'expliquait pas, jusqu'au jour où je lui ai posé la question. Il m'a répondu que les personnes avec lesquelles j'allais avancer auraient un impact sur ma personnalité et mon avenir, et que c'était une manière de me protéger. Mon père avait un flair puissant. Les personnes qu'il a supprimées de mes relations étaient en fait éloignées des valeurs qui nous étaient inculquées à la maison, et je le découvris bien plus tard. Drogue, alcool, ce n'était pas pour moi.

Les vêtements que nous portions devaient être « corrects », selon ses mots. Pas de jeans déchirés, par exemple. Il trouvait cela vulgaire et nous disait avec son accent : « C'est les clochards qui portent ça ! Vous n'êtes pas des clochardes, alors faut s'habiller correctement. » Pas de jupe courte non plus, pour ne pas attirer les garçons mal intentionnés. En fait, le plus simple était de s'habiller en survêtement la plupart du temps.

En grandissant, je me suis de plus en plus affirmée. Je savais ce que je voulais, je n'aimais pas les remarques injustes, j'étais la seule à oser répondre.

Mon père était le chef de famille et le décideur, sauf que je souhaitais décider de ma vie, moi aussi. Je n'écoutais pas tout ce qu'il m'imposait ou me refusais, surtout quand j'en ignorais la raison.

Lorsque les premiers téléphones portables sont sortis, j'étais au lycée, j'en voulais un, mais mon père était contre. Et, encore une fois, sans me dire pourquoi. Il n'y avait pas de bonne raison à mes yeux de ne pas en acheter, sauf peut-être cette peur qu'avait mon père de perdre le contrôle sur ma vie. Sa peur que je dévie du bon chemin, qu'il m'arrive quelque chose, que je sois mal influencée ou que je prenne une décision qui ne serait pas dans mon intérêt l'envahissait.

Je décidai d'en acheter un, que je cachai entre mes

vêtements de peur qu'il m'engueule s'il le découvrait. Un jour, alors que mon père était dans ma chambre, mon téléphone se mit à vibrer fort. Je l'entendais très bien malgré les vêtements autour. J'ai simulé une quinte de toux pour masquer ce bruit. J'ai eu chaud !

En première année de fac, mon agenda scolaire me permettait de travailler en même temps. Je pris alors l'initiative de passer mon permis, je l'obtins rapidement puis achetai ma première voiture. J'avais beaucoup travaillé pour et mis de l'argent de côté. J'étais contente à l'idée de ne plus prendre les transports en commun, pas assez sécurisés, parfois sales. Sans parler des retards ! Cela devenait un véritable stress au quotidien.

J'avais vingt et un ans. Je m'apprêtais à aller au bureau en horaires décalés, de 14 heures à 21 heures, et devais emprunter l'autoroute. J'étais sur le point de sortir, mon père était rentré déjeuner à la maison, il était 13 heures. Je lui lançai naturellement :
— À ce soir ! Je prends la voiture.
— Pourquoi tu veux prendre la voiture ? me demanda-t-il en m'arrêtant. Ah non, Nadia, tu vas prendre l'autoroute, et c'est dangereux !

Une phrase incompréhensible pour moi. J'avais passé mon permis et acheté une voiture pour finalement ne pas l'utiliser ? Il ne voulait pas que je la conduise par peur que j'aie un accident, et donc par peur de me perdre.

Il nous disait souvent que s'il arrivait quelque chose à l'une d'entre nous, toute la famille serait bouleversée. Il avait raison. D'ailleurs, quand il a été hospitalisé, j'ai su que notre vie aurait été bousculée si son opération du cœur n'avait pas été un succès. J'ai toujours pensé que c'était le décès de sa mère qui l'avait mis dans cet état. En réalité, je le ressentais fortement.

Mais c'était sa peur à lui, pas la mienne ! Ça ne m'a pas empêchée d'attendre qu'il reparte travailler pour prendre ma voiture et lui prouver que je pouvais conduire et rentrer vivante. Dans le pire des cas, s'il me disputait, je prévoyais de lui demander pardon. Ce simple mot calmait son énervement à chaque fois.

Finalement, il ne m'en a pas voulu à mon retour. Il a même souri et m'a dit : « T'es vraiment partie travailler avec la voiture ? Ah, Nadia, tu es courageuse ! » Comme si j'avais affronté un danger. Ce n'était rien de cela pour moi. Il n'était en réalité pas contre. Je devais juste réussir à faire taire cette peur en lui. Il m'a toujours dit que j'étais la plus vaillante. Je lui répondais : « Comme toi, papa, t'es le meilleur ! Et fais-moi confiance, arrête d'avoir peur, tout est entre les mains de Dieu. »

Tout est entre les mains de Dieu... C'est ce que nous avions appris à l'école coranique où mon père nous avait inscrites. J'en jouais beaucoup et aimais le lui rappeler.

Mon papa d'amour

Mon père a une certaine ouverture d'esprit, qui lui permet de comprendre les choses. Mais je ne lui raconte pas tout, je ne lui parle pas de tout ce qu'il ne pourrait, d'après moi, pas comprendre, pour maintenir un lien fort avec lui, et aussi par pudeur. J'attends toujours le bon moment pour lui dire les choses, parfois après les avoir accomplies. Comme pour ce saut en parachute que j'ai fait. Comment aurais-je pu lui annoncer que j'allais sauter à 4 000 mètres d'altitude ? Si je lui en avais parlé avant, ça l'aurait empêché de dormir, il se serait mis dans un état d'anxiété terrible.

Quand il l'a su, il a été très fier et, dès que l'occasion se présentait, il racontait mon exploit. « Ma fille a fait un saut en parachute. Eh oui, elle est courageuse, ma fille ! » J'ai pris goût aux sensations extrêmes depuis. J'en suis à mon troisième saut, mais il l'apprend toujours après.

Tout est une question de bon moment avec mon père. Un dimanche après-midi, alors que je prenais le thé dans la cuisine avec ma mère, je lui ai demandé pourquoi mon père était comme ça. Elle m'a répondu : « Parce qu'il vous aime. »
Ils ont toujours formé une équipe. Ma mère n'a jamais pris parti, elle était juste et, si mon père était en tort, elle finissait sa phrase par : « Oui, mais c'est ton père. »

C'est vrai, c'est mon père, et j'ai reçu beaucoup d'amour de sa part. Il a toujours été présent pour nous, qu'il s'agisse d'un besoin financier, d'une simple écoute ou pour nous permettre d'avoir une vie facile. Peu importe notre situation, si besoin, papa est là. C'est une phrase qu'il n'a pas arrêté de répéter, en tapant sur son cœur avec sa main :

« Tant que je serai vivant, tu ne manqueras de rien, ma fille. »

C'est un père désintéressé, nous donner n'est pas un problème tant que ça nous rend heureuses. C'est ce qui compte pour lui. Il n'attend rien en retour.

Même si je sais qu'il est là, j'ai voulu être indépendante financièrement très tôt. J'aurais pu profiter de ce confort, mais j'avais envie d'être comme mon père. Apprendre à me débrouiller, à gérer mon argent du mieux possible, me donner les moyens d'atteindre mes objectifs. Ce qui m'a aidée, c'est le modèle de gestion qu'avaient mes parents. Ils étaient d'accord sur la manière de gérer le budget. Il y avait les dépenses, mais aussi et surtout les économies. Toujours penser à épargner.

Mon père était focalisé sur le fait de ne pas laisser l'eau couler, la lumière allumée dans une pièce si personne n'y était ou la télévision allumée si personne ne la regardait.

De son côté, ma mère limitait les dépenses en évitant d'acheter des produits industriels. Nous n'avons jamais connu les pots de légumes pour bébés vendus au supermarché, elle nous les préparait à la maison. Les gâteaux étaient principalement faits maison, tels que ceux au yaourt. Surtout pas de gaspillage, si nous n'avions pas tout mangé la veille, nous terminions le plat le lendemain. Le linge sale était souvent lavé à la main dans des bassines, la machine à laver était plutôt utilisée pour les couvertures, draps et tissus lourds. Ma mère se mettait même en concurrence avec le lave-linge, elle critiquait la manière dont il lavait les vêtements. Et puis elle avait cette habitude qu'elle aimait bien au Maroc, d'être en contact avec l'eau. Cela lui rappelle ses matinées passées à la rivière. Pour le ménage, elle n'utilisait pas de lingettes jetables, mais des éponges ou serviettes réutilisables. Les produits ménagers étaient pour la plupart fabriqués avec des ingrédients naturels à base de citron et de vinaigre. Elle ne faisait pratiquement jamais de shopping, elle avait ce qu'il fallait et prenait soin de ses vêtements. Elle pouvait porter un manteau pendant sept ans sans le changer. Elle nous disait : «Pourquoi le changer ? Il est en bon état et tient chaud.»

Mon père était pareil, il allait rarement faire du shopping. J'avais beau lui offrir de nouveaux vêtements, de nouvelles paires de chaussures — et pourtant elles étaient plutôt élégantes — il préférait les siennes, celles qu'il aimait porter depuis des années. Il me remerciait quand même : «Merci, Nadia, ça me fait plaisir, mais j'en ai déjà une paire. Garde ton argent ou offres-en à ta mère. »

Quand je demandais à mon père ce qui pourrait lui faire plaisir, il me répondait : « Te voir sourire, c'est le plus beau cadeau que tu peux m'offrir, car c'est une forme de respect pour ce que ta mère et moi avons fait pour toi et tes sœurs. »

Ma mère me disait la même chose, comme s'ils s'étaient concertés avant. Quelle chance j'avais ! L'argent qu'ils économisaient était pour nous construire un bel avenir. Penser à nous, aux autres, et ensuite à eux.

J'aimais le côté vaillant de mon père, je l'ai toujours vu travailler dur, même lorsqu'il tombait malade. C'était souvent en hiver, il attrapait la grippe, il ne se couvrait pas assez. Nous lui disions régulièrement, mais il prétendait que c'était à cause du froid.

Il faisait le choix d'aller travailler, tout en sachant qu'il n'était pas en état de le faire. Il continuait de se lever très tôt. L'idée d'être cloué au lit ne lui convenait pas, il était incapable de rester inactif. La maladie ne devait pas prendre le dessus, s'activer l'aidait à aller mieux. Je trouvais cela courageux. Avec tout ce qu'il faisait, il aurait pu faire un burn-out, mais il a toujours réussi à dépasser les difficultés. C'était son état d'esprit, une force mentale en toutes circonstances.

Il m'a transmis cette valeur du travail. Il m'inspirait. J'ai pris naturellement exemple sur cette façon d'être. L'assiduité m'a aidée dans tous les aspects de ma vie. J'ai appris à me réveiller tôt et à y prendre plaisir. Je ne me laissais pas abattre par un rhume ou un déchirement musculaire, par exemple. Tant que je pouvais marcher, même avec des béquilles, c'était le principal. En ayant cette attitude face à une situation peu confortable, voire difficile, j'avais l'impression de combattre la maladie ou la blessure, et je guérissais plus rapidement. Tout était dans la tête, il avait raison. Certains membres de la famille m'appelaient «Ahmed junior».

Finalement, je ne suis pas devenue médecin, je me suis orientée plutôt vers une filière commerciale et gestion de projets dans laquelle je m'épanouis…
Plus je grandissais, plus mon père respectait mes choix de vie. Il donnait son avis à chaque fois, mais me soutenait dans mes décisions. Il était curieux à mon égard, sans être intrusif. Une curiosité qui avait pour but de me protéger : plus j'en sais, mieux je peux la protéger.

Rien ne devait me tracasser. Il a toujours trouvé des solutions à tout, il me suffisait de lui en parler. Il n'hésitait pas à me conseiller, il me disait de mettre de l'argent de côté, de penser à l'avenir en investissant dans l'immobilier. Il me parlait comme à une adulte. Ça me plaisait, et en même temps je voulais qu'il continue à se comporter avec moi comme si j'étais encore une enfant. Mon indépendance m'attirait, mais j'avais aussi envie de rester cette petite fille à ses yeux.

Les moments autour d'un verre de thé à écouter ses histoires étaient précieux. Il m'emporte souvent avec lui dans ce qu'il me raconte, il y met beaucoup d'enthousiasme. Je peux l'écouter pendant des heures. Je le regarde et je me parle intérieurement : « Profite de ces moments. »

Quand il n'est pas présent, il me manque. Je l'appelle, même si c'est pour ne pas trop se parler. Avant de raccrocher, il me dit à chaque fois : « Ça m'a fait plaisir de t'entendre, Nadia ino. »
Il me rappelle sans cesse qu'il tient à moi.
Mon père est clairement l'homme le plus important de ma vie.

Sa force

Ma mère représente tout pour lui, ils forment une vraie équipe. Les seules fois où j'ai vu mon père pleurer, c'était au décès de son père et quand ma mère est tombée malade.

Les médecins avaient détecté une tumeur au niveau de son rein droit. C'est moi qui me chargeai de l'annoncer à mon père :
— Papa, les médecins ont détecté une tumeur localisée dans le rein droit de maman, elle va devoir se faire opérer pour la lui retirer.
Son visage perdit ses couleurs, il devint pâle, puis il me dit, d'une voie serrée :
— On va prier Dieu pour que tout se passe bien. Prends-lui la meilleure chambre dans le meilleur hôpital.

Ma mère rencontra la chirurgienne, d'environ quarante-cinq ans, d'une bienveillance extrême. Elle s'était attachée à la douceur et à la bonté que ma mère dégageait, à tel point qu'elle ne lui a pas facturé ses deux premiers rendez-vous avant l'opération dans le centre hospitalier des Hauts-de-Seine. Le roi du Maroc, Mohamed VI, y séjournait également à cette période, lors de son passage en France.

Une de mes sœurs accompagna ma mère à son rendez-vous, la chirurgienne les accueillit avec un grand sourire :

— Comment vous sentez-vous, Aïcha ?

— Je vais bien, merci.

— C'est très bien ! lui dit-elle avant de poursuivre avec quelques explications. Aïcha, voilà comment nous allons procéder. Nous ne savons pas encore si la tumeur est bénigne ou non, nous attendrons les résultats de la biopsie. Je ne vais donc pas prendre le risque de vous retirer la totalité du rein, alors qu'il y a de fortes chances pour que cela soit bénin. L'ablation sera donc partielle. Ensuite nous verrons, mais je serai à vos côtés durant toute cette période. Tout se passera bien.

Puis elle s'intéressa à ma mère :

— Vous avez combien de filles ?

— Quatre filles.

— Ma mère aussi en a eu quatre ! s'exclama la chirurgienne. Et aucun garçon ?

— Non, aucun, lui répondit ma mère.

— Ma mère non plus !

Ma mère commença à lui donner nos prénoms, puis elles parlèrent pendant un bon moment avant de se quitter.

Pour ma mère, c'était devenu sa copine. Elle était sereine, et l'attitude de la chirurgienne la rassurait. Cela l'a beaucoup aidée, elle nous disait souvent en souriant : «Je vais voir la médecin, elle est tellement gentille, elle m'aime bien, ça se voit.»

La veille de son opération, mon père et moi l'avons emmenée à l'hôpital. Nous sommes rentrés en pleine nuit, après l'avoir aidée à s'installer. Je conduisais, le silence régnait, puis mon père commença à me parler :
— Ta mère a fait beaucoup de bonnes choses pour moi ainsi que pour mes frères et sœurs. Elle a toujours été là pour nous.
Il tourna le regard vers l'extérieur de la voiture et ajouta :
— Ta mère, c'est la meilleure femme au monde !

J'étais émue de l'entendre exprimer ses sentiments pour elle. J'avais trouvé ça magnifique. Ses mots étaient pleins d'émotions, ils venaient du cœur.
Dès que je suis retournée voir ma mère, le lendemain, je me suis assise à côté d'elle, l'ai embrassée, serrée dans mes bras, et je lui ai répété les propos de mon père. Elle m'a répondu, le sourire aux lèvres :
— C'est maintenant qu'il s'en rend compte ?
— Non, mais c'est maintenant qu'il le dit. Il est très reconnaissant de tout ce que tu as fait pour lui et sa famille.

Il ne le lui avait jamais exprimé. Il le faisait facilement envers nous, ses filles, mais jamais avec ma mère. Pas avec des mots en tout cas.

Pendant l'hospitalisation de ma mère, mon père était à la retraite et se retrouvait seul le matin pour prendre son café dans la cuisine, même si nous étions là pour lui comme il l'était pour nous. Il se rendit compte du grand vide qu'elle avait laissé à la maison. Sa foi l'aida beaucoup pendant cette période, et il savait que la patience et la gratitude lui seraient aussi d'une grande aide dans cette épreuve. Il priait Dieu pour que cela ne soit pas un cancer, il passait beaucoup de temps auprès d'elle à l'hôpital. Avec mes sœurs, chacune en fonction de son emploi du temps, nous allions retrouver notre mère. Mon père y était toute la journée, moi je déjeunais avec elle le midi, puis je revenais lui tenir compagnie le soir après le travail. À chaque fois que je fermais la porte en repartant, je ne pouvais retenir mes larmes. J'étais tellement triste de la voir dans cet état et j'avais peur de la perdre. Cette fois, nous ressentions toutes la même peur que mon père, et je me souvenais de ses mots : « S'il arrive quelque chose à l'un de nous, c'est toute la famille qui sera bouleversée ! » Il savait que la douleur ne partirait jamais si un tel drame se produisait.

Ma mère, elle, ne laissait pas percevoir la moindre anxiété. Elle était confiante, nous recevait avec le sourire aux lèvres, nous demandait si nous avions passé une bonne journée et acceptait la situation dans laquelle elle était avec gratitude. Elle me surprenait.

Elle rentra à la maison quelques jours après l'ablation

partielle de son rein, et il lui fallut plusieurs mois de convalescence. Mon père était beaucoup plus présent que nous à ses côtés pour prendre soin d'elle. Nous attendions encore les analyses, l'attente était le plus difficile, et la chirurgienne nous annonça que la tumeur était bénigne, mais que nous devions rester vigilants. Nous avons alors continué de suivre son état de santé de près, mais nous étions tous soulagés. Mon père put enfin se détendre. Ma mère offrit à la chirurgienne un bouquet de fleurs et une assiette de gâteaux, qu'elle avait soigneusement préparés à la maison.

Je me suis toujours dit que le jour où il arriverait quelque chose à l'un de mes parents, il faudrait que ce soit mon père qui parte en premier. Ma mère est une femme forte, avec un lâcher-prise incroyable. Elle a une manière d'accepter les situations avec confiance, et elle s'en remet beaucoup à Dieu. Mon père, lui, serait anéanti si elle partait avant lui. En matière de patience et de force mentale, ma mère est bien au-dessus. Pourtant, il tenait à ce que ses filles aient cette force.

Il aime beaucoup ma mère, il a passé sa vie à la taquiner. Je me souviens qu'un soir, alors qu'ils étaient en train de discuter dans la cuisine, je leur ai demandé :
— Mais pourquoi vous n'allez pas un peu regarder la télévision ? Vous avez autant de choses à vous dire ?
— Parce que sinon ta mère ne me regarde pas, me répondit mon père en riant.

Ma mère et moi avons explosé de rire, puis elle m'a dit :
— Ton père est un peu fou quand même. Il lui manque une case, je pense.

En fait, il ne se lasse pas de sa compagnie. Un après-midi, alors qu'il était avec ma mère au Maroc, je l'ai appelé pour prendre des nouvelles. Je me souviens encore de ses mots au téléphone : « Tu sais que je ne serais pas capable de rester seul au Maroc dans la maison. L'autre jour, ta mère est partie voir sa sœur, j'étais seul à regarder les murs, je me suis dit que ce n'était pas possible de venir ici sans elle, cela serait trop triste. »

Ils ont toujours tout partagé. Ils prennent leur café ensemble le matin, ainsi que tous les autres repas de la journée, ils prient ensemble, sortent souvent ensemble, voyagent ensemble. Ils se parlent beaucoup. Quand j'interroge mon père sur un événement qu'il a vécu seul, il commence à me le raconter. Ma mère, qui est à côté la plupart du temps, se met à sourire et se hâte de compléter le récit de mon père avec ce qu'il a omis de me dire. Elle est même capable de raconter à sa place ! Une connexion, une vraie complicité entre eux. Mon père est très attaché à ma mère. Je ne sais pas si elle ressent la même chose. Elle est très pudique dans ses sentiments. Elle ne dit rien. Elle se contente de sourire.

Mon père n'est pas parfait, je le soupçonnais de ne

pas être toujours facile avec ma mère, mais je ne les ai jamais réellement vus se disputer. Un soir, alors que je regardais la télévision, j'entendis la porte claquer. J'avais à peine quinze ans, je me suis levée et me suis dirigée vers la cuisine, qui se trouvait près de l'entrée, et j'ai vu ma mère pleurer. Elle tenait un mouchoir à la main et balayait le sol de la cuisine avec l'autre. La voir dans cet état m'a attristée, je me suis arrêtée un moment devant elle, puis je l'ai interrogée :
— Pourquoi pleures-tu, yemma (maman) ?
— Pour rien, ma fille, ne t'inquiète pas, ça va aller ! me répondit-elle en tmazight.

Je compris. En même temps, mon père ne pouvait pas nous dire que la règle à la maison était la paix et se disputer devant nous avec ma mère, il voulait être exemplaire.

Ma mère a une patience incroyable et mon père lui en est très reconnaissant. Personne ne touche à ma mère. Nous avions l'interdiction de lui répondre ou de lui manquer de respect. Je lui répondais malgré tout, si j'estimais qu'elle n'était pas juste, mais je le faisais quand mon père n'était pas là. Jamais devant lui. Surtout pas.

Mon père l'a beaucoup soutenue lorsqu'elle est arrivée en France. Il s'assurait qu'elle se sentait bien, l'accompagnait à ses rendez-vous médicaux. Mes parents ont réussi à trouver un équilibre. Ma mère a quand même fait plus d'efforts, de compromis. Il en est conscient. Elle s'adaptait plus à son rythme que lui ne le faisait, et de manière très naturelle. Elle savait que c'était bénéfique pour le foyer. Elle prenait plus soin de lui et de nous que de sa propre personne. Une épouse et une mère dévouée.

Ma mère n'aime pas quand mon père se mêle de ce qu'elle fait, surtout en cuisine. Il lui donnait parfois des conseils :

— Mais pourquoi tu ne fais pas ça plutôt comme ça ? Et comme ça ?

— Je ne savais pas que tu étais un chef en cuisine, lui répondait-elle en riant. Peux-tu me laisser dans mon espace, Ahmed, s'il te plaît ?

Mon père avait besoin d'être soutenu, épaulé depuis qu'il était arrivé en France. Son travail était fatigant, il devait penser à plein de choses. Nous, sa famille, lui. Ma mère à la maison, c'était l'apaisement. Ce qu'il aime particulièrement chez elle, c'est cette sagesse qu'elle dégage et ses conseils justes et bienveillants. Même s'il ne l'écoute pas souvent. Mais il finit par s'apercevoir qu'elle avait raison.

Une vraie complicité entre eux, une belle harmonie.

Une transmission précieuse

Une transmission précieuse

À l'âge de huit ans, mon père nous a inscrites à l'école coranique pour que nous apprenions ce qu'était notre religion, l'islam. Il voulait que l'on emprunte le bon chemin : nous transmettre une éducation religieuse pour comprendre ce qui était bien et ce qui était mal, ce qui était permis ou non faisait donc partie de son plan. Tout cela se faisait dans la maison de Dieu, une mosquée dans laquelle j'assistais aux cours, deux heures le samedi et deux heures le dimanche. Durant cette période, je ne connaissais pas la grasse matinée. Les cours avaient lieu dès 10 heures.

Ma mère avait reçu une éducation religieuse, et elle est pratiquante. Mon père, lui, n'a pas réellement eu de transmission. Il savait, il pratiquait, mais durant sa jeunesse c'était plutôt le travail qui avait pris de la place. Il ne se sentait pas compétent pour nous transmettre la religion, et ma mère pensait que les enseignants d'une école coranique seraient mieux placés pour nous transmettre cela. Alors mon père a trouvé cette mosquée, qui enseignait l'islam avec tolérance et amour de l'autre. C'était exactement cela, j'ai découvert une religion de paix et d'amour. Nous avions l'obligation de nous couvrir les cheveux et de porter des vêtements amples pour entrer à la mosquée. Je retirais mes chaussures, une règle pour maintenir la propreté du lieu, puis entrais dans la salle de classe. De longs bancs en bois faisaient office de tables, nous nous installions sur la moquette. La première personne à nous faire cours était un homme. Il était bienveillant et nous donnait des surnoms pour nous faire rire. Ensuite ce n'était que des femmes, elles nous enseignaient l'arabe littéraire, qui se lit et s'écrit, contrairement au français, de droite à gauche. Cela m'a permis de lire et d'apprendre quelques sourates du Coran par cœur.

Les garçons et les filles étaient dans des classes séparées. On nous enseignait les valeurs de l'islam. L'histoire du prophète, de la religion, était également au programme. Nous lisions le Coran verset par verset, et l'enseignante passait beaucoup de temps à nous les expliquer, car il fallait comprendre tout le contexte.

Nous faisions des dictées, nous apprenions la conjugaison. Nous préparions également la fête de fin d'année, où nous découvrions des chants religieux. C'était une sorte de kermesse. Les meilleurs élèves gagnaient un tapis de prière et un Coran. Il m'arrivait de gagner un lot. Je suis allée à cette école tous les week-ends pendant huit ans. J'ai retenu finalement que le bien dans l'islam, c'était toutes les valeurs humaines universelles déjà existantes, et que le mal correspondait à tout ce qui était néfaste pour l'être humain et l'humanité. Notre cœur devait être plus nourri par le bien que par le mal, et cela devait se refléter dans nos actions, dans notre comportement. Les enseignantes faisaient preuve de tolérance, une

Une transmission précieuse

valeur qu'on nous avait transmise, une vraie valeur ajoutée à la société dans laquelle nous vivions. Il arrivait que certaines filles s'habillent de manière à ce que l'on puisse apercevoir les formes de leur corps. L'une d'elles était venue avec un pantalon en cuir moulant. Elle s'était assise sans que personne lui dise quoi que ce soit. Je trouvais que sa tenue n'était pas appropriée au lieu, mais elle était libre de faire ce qu'elle voulait. Nous n'avions pas le droit de faire des remarques ou de juger.

À cette époque, certains de mes camarades de classe à l'école française apprenaient aussi leur religion au catéchisme. Nous en parlions très peu, mais nous avions un point commun : l'apprentissage de la foi. Chacun avait sa religion sans que les autres la connaissent. Personne ne me parlait des autres religions, ce qui m'a fait croire qu'entrer dans une église n'était pas bien. Lorsque j'étais en primaire, l'enseignante nous proposa une sortie non prévue un jour : visiter l'église de la commune. Je ne pouvais pas refuser, j'y suis allée avec mes camarades de classe. Nous sommes entrés dans cette grande église, j'ai avancé, silencieuse, et j'ai ressenti comme un apaisement, alors que je n'étais pas dans une mosquée. J'ai eu un sentiment d'infidélité et de culpabilité, je n'aurais peut-être pas dû être là, et en même temps je ne pouvais pas refuser, c'était l'école qui avait imposé cette sortie. Je suis rentrée manger à la maison et me suis mise à pleurer. Ma mère, inquiète, me demanda ce que j'avais, et je lui répondis :

— Je suis allée à l'église.
— Et tu as peur de qui ? De Dieu ou de ton père ? me dit-elle en riant.
— De Dieu.

Elle me demanda de m'asseoir et me rassura : il n'y avait pas d'infidélité dans le fait d'entrer dans une église. Puis elle m'expliqua le sens du mot «fraternité».
Plus tard, j'ai appris l'importance de respecter les autres religions à travers le programme prévu par l'école coranique.

À seize ans, je décidai de ne plus y retourner. Je m'affirmai et le dis à mon père. J'estimais avoir appris tout ce qu'il fallait. Je lui promis de continuer à apprendre à la maison, tout en lui expliquant que j'avais besoin de consacrer plus de temps à mes devoirs. En réalité, je n'avais pas l'intention de reprendre à la maison. Je voulais passer mes week-ends à me reposer de la semaine d'école et à faire autre chose.

Mon père souhaitait que je continue malgré tout. C'était la première fois que je n'allais pas dans son sens. Je commençais à m'affirmer, et ça ne lui plaisait pas. Nous devions lui obéir, car il savait ce qui était dans notre intérêt ou non. Aucune de nous ne lui avait jamais répondu «non». Son visage se ferma, et en même temps il me regarda d'un air surpris. Il me montra qu'il n'était pas content, se plongea dans le silence et partit, mais

Une transmission précieuse

ça ne m'empêcha pas de maintenir ma position, quitte à provoquer son mécontentement. Après plusieurs échanges, il finit par comprendre et accepta. Je me sentis comprise et soulagée de ne pas devoir me battre encore, car je n'avais plus d'arguments.

À l'école coranique, j'avais appris à prier. Lorsque j'étais petite, j'aimais bien me mettre à côté de mon père à chaque fois qu'il priait. J'imitais ses gestes, je faisais semblant, je ne récitais rien. Jusqu'au jour où il m'a demandé, à mes treize ans, d'aller faire mes ablutions pour commencer ma première vraie prière. Il s'adressa à l'une de mes sœurs et à moi :

— Les filles, allez faire vos ablutions, c'est bientôt l'heure de la prière !

— Non, je ne veux pas ! lui répondis-je en m'avançant vers lui.

Je préférais que ça vienne de moi, de mon cœur, c'était ce qu'on m'avait enseigné à l'école coranique et ce que ma mère nous transmettait. Toujours être sincère et faire les choses avec le cœur, surtout quand il s'agit d'une connexion avec Dieu. Je ne réussis pas à le convaincre cette fois-ci, ce n'était pas négociable, c'était très important pour lui.

— Je veux que ça vienne de moi, papa ! lui dis-je en pleurant.

— Nadia, c'est une pratique importante, tu me remercieras. Fais confiance à ton père ! Va faire tes ablutions comme on t'a appris à l'école.

Je me suis donc mise à prier pour la première fois à l'âge de treize ans. J'ai ajouté cette pratique à ma routine quotidienne, et j'ai continué sans jamais m'arrêter jusqu'à maintenant. Il avait raison, c'est un moment de connexion incroyable avec Dieu, un moment où je me sens en paix, où je sais que Dieu m'écoute quand je m'adresse à Lui. Je compris que je ne serais jamais seule de mon vivant. Je ressentais une sorte de protection. Ce n'était plus uniquement celle de mon père ou de ma mère, mais aussi et surtout celle de Dieu, le Tout-Puissant. Je le compris tôt, mais le ressentis fortement à l'âge adulte.

Les filles de notre voisine d'origine malienne avaient étudié quelques années avec nous. Notre foi était comme une courbe, elle évoluait. Parfois elle était plutôt bas, parfois plus haut. Cependant, mon lien avec Dieu était vital. J'en avais besoin surtout durant les moments difficiles, j'éprouvais ce besoin d'aller vers Dieu, car cela m'apportait un apaisement. Je retenais cette phrase qu'on m'avait dite un jour : « Si tu veux écouter Dieu, lis le Coran, et si tu veux parler à Dieu, prie. »

Quand je m'adresse à Lui pendant mes prières, je Lui demande parfois pardon. Certaines fois, j'ai juste envie de me libérer et d'exprimer ce que je ressens.
La religion est une chose que je vis personnellement. J'y ai appris l'ouverture, la fraternité.

Ses projets personnels

Mon père pensait constamment à ses projets et à l'avenir en incluant la famille. Après avoir mis assez d'argent de côté, il décida de se lancer dans la recherche d'une maison. L'un de ses frères lui apporta son aide financière, et je me portai garante pour le crédit, afin qu'il l'obtienne facilement. Vivre dans un appartement et payer un loyer tous les mois ne lui plaisait plus. Il voulait acheter et payer ses mensualités pour que le bien lui revienne à la fin.

Il souhaitait rester en Seine-Saint-Denis et être proche de son travail. Il voyait l'investissement immobilier comme une sécurité pour nous aussi. Il partait du principe que rien n'était acquis dans la vie, tout pouvait s'écrouler du jour au lendemain. S'il perdait son emploi, par exemple, il ne pourrait plus payer le loyer, et cette pensée donnait lieu à tout un scénario catastrophe dans son esprit. Alors qu'en étant propriétaire, il savait que nous aurions toujours un toit au-dessus de la tête si cela arrivait. Il était tout le temps dans la sécurité, l'anticipation. Il a souscrit à toutes les assurances qui existaient. Toujours sécuriser !

Ma mère faisait les visites avec lui et, après quelques années de recherches, ils concrétisèrent ce projet d'achat. Ils choisirent une grande maison, dans laquelle vivait un homme veuf. Il avait soixante-dix ans environ et avait perdu sa compagne quelques mois plus tôt. Ils avaient une résidence secondaire en province dans laquelle il préférait aller profiter de sa retraite. Cet homme eut un coup de cœur pour notre famille. Il resta ensuite en contact avec nous pendant quelques années. Il nous envoyait des cartes pour les fêtes de fin d'année.

Cette maison possédait un grand terrain sur lequel mes parents se sont tout de suite projetés en imaginant leur potager. Et ils l'ont fait. Le potager contenait toutes sortes de légumes, fruits et épices en fonction de la saison : tomates, tomates cerises, potirons, navets, petits pois, oignons, aubergines, piments rouges, courgettes, poireaux, salade verte, raisin, kakis, figues, abricots, fraises, pruneaux, menthe, persil, coriandre… Il y avait également un arbre, importé de la terre de mon grand-père : un olivier, symbole de paix, celle qu'il cherchait tant à la maison. Il donnait des olives tous les ans, mais la récolte était moins importante une année sur deux. Cela représentait environ dix kilos par an. Ma mère aimait s'occuper de la récolte et de la préparation, comme elle le faisait au Maroc avec sa famille, et nous apprit à le faire avec elle. La cueillette avait lieu en fin d'année. Une fois les olives cueillies, nous pratiquions une incision avec un couteau tranchant,

Ses projets personnels

puis nous les laissions tremper dans un seau rempli d'eau avec du citron pendant quelques mois.

Mes parents mettaient en pratique ici, en Seine-Saint-Denis, leurs talents d'agriculteurs, tout ce qu'ils avaient appris au Maroc. Ils s'échangeaient les bonnes astuces pour entretenir leur potager avec nos voisins portugais, qui étaient très forts aussi. Ma mère avait ajouté des plantes d'extérieur à cet espace vert, des rosiers principalement. Elle avait la main verte et une passion pour les plantes et les fleurs. Pour arroser, mon père eut l'idée d'installer un récupérateur d'eau de pluie enterré. Sans cela, les dépenses en eau auraient été importantes, et cela aurait été du gâchis.

En plein milieu de tout cela, au fond du jardin, il y avait un poulailler composé d'un perchoir, un pondoir, une mangeoire et un abreuvoir. Nous avions le plaisir d'entendre le chant du coq tous les matins. Nous n'achetions plus vraiment d'œufs. L'autre avantage d'avoir un poulailler, c'est que ça évitait le gaspillage alimentaire. Les poules mangeaient tout ce que nous ne mangions pas.

Une fois à la retraite tous les deux, ils passaient une bonne partie de leur temps dans les montagnes du Rif, au Maroc, et nous laissaient le soin de nous occuper de leur potager.

J'ai toujours été admirative, je me demandais souvent comment mon père avait fait pour réussir à construire sa vie et celle des autres avec un seul salaire, celui d'un simple ouvrier d'usine.

Mon père est un homme qui aime la simplicité, loin du monde matérialiste et consommateur. Ses dépenses étaient pratiques et durables. Il a toujours eu un lien détaché avec l'argent, tout en nous disant que deux choses étaient importantes dans la vie : la santé et l'argent. Mais il ne parlait pas d'argent qui pousse à surconsommer, mais de celui qui nous permet de vivre et d'anticiper les problèmes en cas d'imprévu, et surtout de construire des projets. Il nous répétait de mettre de côté, d'investir et de dépenser intelligemment. Pas dans des futilités comme dix paires de chaussures par exemple. Il nous disait :
« Tu as une paire pour quand il pleut, une paire pour la journée, une paire pour le soir, une paire pour quand il fait beau, une paire pour la neige, une paire pour la promenade, une paire en cas de brouillard… À quoi ça sert ? Tu ne vas pas aller loin comme ça ! Moi, je n'ai pas besoin de faire chic, une paire me suffit. »

La concrétisation de ses projets était importante pour lui. L'un de ceux qui lui tenaient à cœur était de réaliser son pèlerinage à La Mecque. Il l'a concrétisé

Ses projets personnels

quand il est parti à la retraite. À ce moment-là, il n'avait plus de crédit à payer, il ouvrait une autre porte. Il a très peu voyagé, mais ce voyage était celui d'une vie pour lui. Il n'a malheureusement pas pu y aller avec ma mère, mais il tient à y retourner avec elle.

Quand le jour du départ arriva, il portait sa djellaba blanche, et son visage était éclatant, lumineux. Mon père rayonnait et était beau dans sa tenue.
Il me confia :
— Il y a une porte qui s'ouvre à moi, je dois m'y rendre. Regarde ce que j'ai parcouru. C'est tout ce qu'il me reste à accomplir, le reste sera du bonus dans ma vie.
— Cela faisait partie de ton plan de vie, papa ? lui demandai-je en riant.
— Oui, et ça y est, j'y suis presque ! me répondit-il avec le sourire.

J'en ai pleuré, émue par ce départ, et lui ai dit « Je t'aime papa ! » en le serrant dans mes bras. Je lui ai ensuite envoyé un message avant qu'il ne prenne son vol, parce que je tenais à ajouter que c'était le meilleur papa du monde. J'avais entendu parler de ces bousculades mortelles qui arrivaient parfois à La Mecque. J'avais peur qu'il ne revienne pas et j'avais besoin de lui dire que je l'aimais.

Il était dans un groupe qu'il ne connaissait pas au début du voyage. Ils apprirent à se connaître au fur et à mesure, puisqu'ils allaient partager cette expérience. Les sensations fortes commencèrent dans l'avion quand ils formulèrent tous ensemble l'intention profonde d'effectuer le grand pèlerinage.

Mon père arriva dans ce lieu sacré, la ville sainte de La Mecque, en Arabie Saoudite. Il était sur cette terre chargée d'histoire et imprégnée de spiritualité, cette terre où une partie de l'humanité s'était rassemblée, venue de tous les continents, partageant la même foi. Une vague d'émotions intenses le submergea. Il allait accomplir l'un des cinq piliers de l'islam, son rêve devenait réalité. Nous étions le 8 du mois de Dhou al-hijja, le dernier du calendrier lunaire musulman, et mon père était sur le point de purifier son âme. Enveloppé dans un long tissu blanc que tous les pèlerins portaient, symbole d'égalité, il se mit à suivre la foule en tentant de se frayer un chemin et en gardant son calme et sa concentration dans la quête de bénédiction. Il tourna autour de la Kaaba, un édifice en forme de cube d'environ quinze mètres de haut recouvert d'un voile noir, vers lequel tous les musulmans s'orientent pour prier. Il réalisa sept fois le tour dans le sens inverse des aiguilles d'une montre, sous une chaleur intense.

Ses projets personnels

Cette première étape l'émut, il ne retint pas ses larmes. Il vivait quelque chose de grandiose et nous tenait informées régulièrement. Je me souviens encore de ses mots : « Je ressens parfois la fatigue, mais pas question de faire une pause. C'est incroyable… Les gens parlent plein de langues différentes, viennent de partout dans le monde. C'est exceptionnel ce que je vis ! »

Nous l'encouragions à distance.

Ils étaient trois dans leur chambre. L'un d'entre eux était souvent contrarié, parfois même colérique. Mon père s'était préparé mentalement et spirituellement pour ne pas critiquer ou se mettre en colère pendant son voyage. Sa forte volonté d'accomplir le pèlerinage correctement lui facilitait la situation pour qu'il garde la meilleure attitude, celle de l'homme sage.

Une autre étape le bouleversa, celle où il se rendit, toujours avec cette foule de pèlerins, à l'endroit où le prophète avait prononcé son dernier sermon pour réaliser l'ascension du mont Arafat. La montagne de la miséricorde. Il y pria et invoqua Dieu pendant plusieurs heures. Cette journée de prières fut la plus intense.
Une fois remis de leurs émotions, ils se rendirent à Muzdalifah pour le rituel de la lapidation de Satan.

Ils jetèrent sept pierres, qu'ils avaient ramassées sur le chemin, sur les trois piliers symbolisant le diable. Mon père jetait ses pierres si fort que son corps avait envie de suivre.

Ce même jour, ils célébrèrent l'Aïd al-Adha, la fête du sacrifice. Il alla jeter des cailloux une seconde fois, puis retourna à La Mecque, où il répéta les sept tours autour de la Kaaba avant de quitter cette ville. Pour finir, il visita la mosquée du prophète à Médine.

Il avait atteint son objectif. Une sensation de renaissance, de légèreté, de pureté totale l'envahit.

À son retour en France, nous sommes tous allés le chercher à l'aéroport. Nous l'avons accueilli avec du lait et des dattes, comme le veut la tradition. Il avait le visage fatigué, mais était toujours aussi souriant et très heureux de voir qu'on était tous là.

Nous avions préparé un repas avec plusieurs membres de la famille, et mon père a passé la soirée à nous raconter son voyage. Il était difficile pour lui de nous retranscrire ses émotions. Ensuite il nous a offert nos cadeaux, mais mon plus beau cadeau était de l'avoir vu rentrer.

Il nous a aussi dit : « Il m'a manqué votre mère à

Ses projets personnels

mes côtés!» Il a tellement l'habitude d'être en sa compagnie. C'était la première fois qu'il passait autant de temps sans elle depuis qu'elle l'avait rejoint en France. Il prévoit d'y retourner avec elle.

Malgré ces mois qu'ils passent au Maroc, nous continuons de profiter de moments ensemble en France. Certains événements se vivent en famille. Impossible pour mon père de ne pas s'entourer de ses filles et petites-filles dans ces moments-là. Nous nous réunissons pendant le mois du ramadan, où nous jeûnons, un mois où les personnes en bonne santé ne mangent et ne boivent pas dès l'aube et jusqu'à ce que le soleil soit couché. Un mois spirituel où nous saisissons l'occasion de nous élever dans notre foi, de nous rapprocher de Dieu. Un mois de partage, de générosité, de patience, de maîtrise de soi.

Nous avons le repas de Suhur, qui se prend avant l'aube, et le repas de rupture du jeûne, qui s'appelle l'Iftar.

Nous partageons souvent nos repas avec d'autres familles, des voisins. La table est toujours remplie : soupe, dattes, lait fermenté, eau, briouates. À cette base s'ajoutent les envies des uns et des autres. Au début du mois, il est plutôt question d'envies que de véritable faim, mais au bout de la troisième semaine la fatigue et la faim se font ressentir. La difficulté s'installe, le travail qui consiste à faire face à l'adversité commence. Ce qui m'accompagne pour y parvenir, c'est la foi et cette conscience d'avoir la chance de manger à la fin de la journée, ce qui n'est pas le cas pour certains. À la fin du ramadan, nous sommes fiers d'avoir réussi, d'être allés jusqu'au bout, d'avoir réveillé cette conscience et de nous être engagés envers les plus démunis.

Vient enfin le jour de l'Aïd. L'Aïd el-Fitr est une fête qui célèbre la fin du ramadan. La journée commence par une toilette pour se purifier, ensuite nous mettons nos plus beaux habits pour nous rendre à la mosquée. Une foule de musulmans portant de beaux habits prend le chemin de la mosquée la plus proche. Mon père est toujours bien habillé : pantalon à pinces noir, chemise blanche, le visage rayonnant. Il se parfume avec du musc et sort avec ma mère, qui porte sa belle robe et son voile autour de son doux visage. Mes sœurs et moi portons souvent des habits neufs pour l'occasion. Il se passe quelque chose d'apaisant à l'intérieur de la mosquée. Une émotion forte et indescriptible.

Une fois la prière collective terminée, nous allons prendre un vrai petit déjeuner après nous être adressé les vœux. Nous nous souhaitons plein de bonnes choses en nous faisant la bise et en nous serrant dans les bras. Nous commençons par déposer les gâteaux orientaux préparés une semaine à l'avance avec ma mère sur la table. Des makrouts et des cornes de gazelle. C'est un réel plaisir de voir ma mère faire et nous apprendre. Là où nous avons besoin de connaître les mesures, elle fait au feeling. Nous recevons du monde, nous mangeons les gâteaux que nous avons préparés avec amour, puis nous en offrons aussi aux voisins ou à la famille à qui nous allons rendre visite. C'est une journée de partage et de joie. Plus les années passent, plus le temps accordé aux préparatifs de cette fête se réduit. Là où nous mettions plus d'une semaine à nous demander comment nous allions nous habiller, nous ne nous en soucions plus que pendant deux ou trois jours.

Les années passent, et je vois mon père vieillir, sa peau se friper, ses cheveux blanchir. Les rôles s'inversent. C'est à mon tour de prendre soin de mes parents, d'aider ma mère, alléger ses journées, la soulager. À mon tour de prendre soin d'eux quand ils tombent malades, quand ils ont besoin d'aide pour des tâches administratives ou autres. Je suis aussi reconnaissante de tout ce qu'ils m'ont apporté. Ils ne demandent rien, mais mes sœurs et moi répondons présentes quand il le faut.

L'amour a triomphé dans la famille.

Valeurs ancrées

L'environnement dans lequel j'ai grandi en banlieue, mon éducation religieuse, mes expériences ainsi que celles que mon père m'a fait vivre tout au long de ma vie m'ont appris des valeurs telles que la solidarité, l'entraide et la générosité. Des valeurs qui m'ont donné cette envie de m'engager auprès d'associations qui œuvrent pour permettre aux personnes dans le besoin d'améliorer leur vie et le monde dans lequel nous vivons pour l'adoucir. Mon père m'a prouvé, par son exemplarité, que nous avons le pouvoir d'agir en faveur des personnes vulnérables et démunies.

Dès que l'occasion s'est présentée, je me suis rendue disponible et me suis mise au bénévolat. Le plus important pour moi, c'était la rencontre. Tout commence par une rencontre, celle de l'autre, issu d'un milieu social, culturel et religieux différent. Ces rencontres permettent de découvrir, d'apprendre de l'autre et de supprimer ces barrières que sont tous les préjugés qui nous passent par la tête. Quand un lien se crée, l'acceptation et le respect de l'autre dans sa différence deviennent plus faciles. L'ouverture à l'autre se fait. À partir de cette expérience, l'union fait son entrée.

Mes premiers pas dans l'associatif se sont faits il y a sept ans. J'ai été invitée, par une présidente d'association dont je connaissais le fils, à un événement, un voyage éducatif qui réunissait des jeunes venus de deux pays en conflit, des jeunes Israéliens et Palestiniens, pour faire la connaissance de jeunes Français. Cette expérience fut une réussite, elle m'a marquée. Ces jeunes ont oublié, le temps d'une rencontre, ce qui pouvait les séparer. Ils se sont ouverts, ont créé un lien invisible à travers plusieurs activités, notamment la visite des lieux de culte de chaque religion : une mosquée majestueuse, une synagogue remplie d'histoire, une cathédrale imposante. À la fin de leur séjour, chacun avait pris le temps de rédiger une lettre pour exprimer ses sentiments après cette expérience unique. Chacun y partageait son ressenti et exprimait sa volonté de vivre dans un monde en paix. Un moment empreint d'émotion. Ils ont donné du sens au mot « fraternité ». Ils sont repartis dans leurs pays respectifs en tant qu'ambassadeurs de la paix. Des graines d'amour et de tolérance avaient été semées.

L'expérience humaine a permis à chacun de comprendre l'importance de valeurs telles que la tolérance pour créer l'union. Le rejet de l'autre dans sa différence, qu'elle soit culturelle, religieuse ou sociale, amène au repli, puis au communautarisme. Tu me rejettes, je te rejette. Un cycle infernal qui ne mène qu'à la division.

Je suis aussi bénévole dans une association qui fédère

Valeurs ancrées

autour du patrimoine linguistique français. Elle rassemble de la même manière des personnes, mais cette fois pour une dictée, un événement réalisé partout en France, parfois dans des monuments historiques comme l'Arc de triomphe, la tour Eiffel ou l'Assemblée nationale. Tout le monde peut participer, les barrières d'âge ou autres n'existent pas, nous voyons des enfants, de jeunes adolescents, des adultes, des seniors. Ils se retrouvent tous égaux devant une feuille blanche pour partager une passion commune, celle de la langue française. Certains viennent seuls, d'autres en famille, entre amis ou encore en couple. Partage et unité sont vécus par les participants. Ces événements sont toujours un succès.

Je ne me suis pas trompée. Tout commence par une rencontre, puis un lien qui se crée avec une expérience partagée dans laquelle chacun contribue à sa manière.

Lors d'un événement associatif, j'ai fait la connaissance du président d'une autre association, qui avait la volonté d'aider les jeunes de quartiers populaires à devenir entrepreneurs. Je trouvais courageux de prendre le risque de devenir son propre patron. J'étais à ce moment-là en train d'écrire un livre sur une étape cruciale : Comment réussir à passer la première étape de vente ? Je me suis proposée en tant que formatrice. J'ai été bénévole pendant les débuts et j'ai formé quelques promotions. J'y voyais des personnes déterminées à aller jusqu'au bout de leur projet. Nos échanges lors de ces formations m'ont réellement touchée. Le simple fait de leur dire « vous avez du potentiel ! » faisait briller leurs yeux. J'avais le sentiment que certains ne l'avaient jamais entendu tellement cela les rendait joyeux.

L'entraide est aussi une valeur importante que mes parents m'ont transmise, une valeur nécessaire pour faire progresser l'humanité.

D'autres actions solidaires ont pour objectif d'aider les personnes en situation de précarité ou de pauvreté. Ces journées sont souvent très riches en émotions. Rencontrer ceux qui n'ont pas et leur donner ce que l'on peut. Un simple geste les fait sourire, un simple sourire les rend heureux.

Ces actions sont variées. Elles permettent à ceux qui n'ont pas de quoi manger de s'alimenter. À ceux qui ont froid, des sans-abri, pour qui le logement est difficile d'accès, voire impossible, de mieux se couvrir, de porter des habits chauds, des chaussures non déchirées. C'est notre pouvoir d'agir, nous faisons notre possible, et cela les rend heureux.

À la période de Noël, des collectes de cadeaux sont organisées pour des enfants hospitalisés. Leur offrir un peu de douceur dans leur quotidien difficile et voir des étoiles dans leurs yeux nous apporte de la joie.

Certaines actions qui permettent de réduire les inégalités se construisent au-delà des frontières pour donner les moyens à ceux qui n'en ont pas de réussir. Donner accès au savoir à travers des outils informatiques, des constructions de bibliothèques, des livres offerts. Une contribution également aux projets de forages dans les pays où les populations n'ont pas accès à un besoin vital : l'eau.

Former des ponts me rend heureuse et m'anime. Je me sens utile. On est tourné vers l'autre quand on aide. On va au-delà de soi. Tout le monde a droit aux moments de bonheur, le droit de vivre dignement, d'accéder aux besoins vitaux et d'avoir les moyens de réussir. J'ai fini par créer ma propre association dans le domaine humanitaire et social avec l'envie de contribuer à des solutions pérennes.

Mon père m'a transmis un bel héritage, celui qui me donne le sentiment d'être meilleure humainement en accomplissant de bonnes actions. J'ai aussi retenu une phrase lors de mes cours coraniques : « La vraie richesse d'un homme en ce monde se mesure au bien qu'il a fait autour de lui. » À chaque fois que je donne à l'autre ce dont il a besoin, peu importe d'où il vient, je me sens pleinement engagée en tant que citoyenne du monde. Une petite action ne vaut pas moins qu'une grande, chaque action compte, et œuvrer pour transformer comme je le peux la vie des uns et des autres est possible. J'ai appris que s'élever ensemble pour un monde plus juste fait partie de ce qui me rend heureuse, telle une mission de vie que je me suis fixée. J'ai en mémoire tous ces regards, ces sourires qui veulent dire merci et viennent me transpercer le cœur. Ce qui m'a toujours frappée chez ces personnes vulnérables, c'est leur dignité et leur courage.

« Nous n'avons pas choisi cette vie, mais nous l'acceptons. »

Deux simples paires de chaussures offertes à un couple de personnes âgées vivant dans une cabane devant leur potager et qui marchaient pieds nus dans un village à Madagascar, avec pourtant le sourire aux lèvres et beaucoup de gratitude envers la vie, les avaient touchés profondément. Ils m'avaient bouleversée avec leur récit empreint de résilience.

Nous avons le pouvoir de rendre les gens heureux très simplement.

Une vie simple

— Papa, imagine-toi face à un public, un micro à la main.

— Je chanterais « Aïcha, Aïcha, écoute-moi » pour ta mère, me coupe-t-il avant d'entendre la suite.

Je me mets à rire.

— Papa, sérieusement, imagine… Avec l'expérience de la vie que tu as eue, quel message transmettrais-tu ?

« La vie n'est pas toujours facile. Il faut retrousser ses manches et se mettre au travail. Faire preuve de courage. Se bouger, se donner les moyens de réussir, déclencher la chance.

Si une personne partie de zéro est capable de se construire une vie dont elle est fière, alors tout le monde peut le faire. Même un pauvre peut devenir riche.

Il faut penser à l'avenir, voir loin, se poser ces questions : où est-ce que je veux aller ? Quels sont mes projets dans la vie ?

À partir de ces réponses, je construis mon plan, qui définit comment y arriver. Cela ne sera pas simple, car je peux rencontrer des obstacles, mais je ne dois pas perdre de vue le but.

Parfois il faudra faire évoluer ce plan. Pour cela, il faudra réfléchir, faire parler son intelligence. Monter les marches une par une, sûrement, pour éviter de tomber de très haut en cas d'échec, en voulant les monter quatre par quatre. Faire les choses étape par étape.

C'est important de marcher droit, d'être une personne honnête et surtout de respecter ses parents. De toute ma vie, le plus gros poids aurait été de mal me comporter avec eux. Pendant qu'ils étaient en vie, je leur ai tout donné, je les ai respectés. J'écoutais mes parents même si je n'étais pas d'accord. Je n'ai pas le poids de leur avoir manqué de respect.

Prenez soin de votre santé et de votre argent. Il vaut mieux investir votre argent dans un projet durable, pour éviter les multiples dépenses. L'argent permet de faire des économies et anticiper les coups durs.
Ne vous comparez pas aux autres : chacun sa chance, chacun avance en fonction de sa vision, de ce qui est important ou non dans la vie de son point de vue. Faites preuve de simplicité.

Faites du bien dans la vie, ne pensez pas qu'à vous. Donnez sans attendre en retour, surtout aux personnes qui ont moins que vous. Dans tous les cas, vous serez gagnants.

Continuez de progresser, de vous améliorer dans la vie, en tant qu'être humain, mais aussi dans votre situation.

Écoutez quand on vous parle, mais faites aussi preuve de méfiance, ne croyez pas tout ce qu'on vous dit. Ayez toujours une partie de vous qui se méfie. Le sourire, les tapes dans le dos, n'y croyez pas tout le temps. Regardez surtout ce que font les gens, c'est ce qui les définit le plus.

Respectez vos enfants, parlez-leur avec respect, écoutez-les, valorisez-les. Ce qu'ils vivront dans leur enfance fera un jour partie de leur passé. Leur passé sera aussi ce qui les construira. C'est une grande responsabilité d'être parent, prenez soin d'eux, ils prendront soin de vous.

Et, surtout, faites votre vie avec une femme avec qui vous formerez une équipe, car sans ma formidable femme jamais je n'aurais fait tout ça. Al hamdouLilah (Dieu merci). »

Une vie simple

Merci, Papa

Merci d'avoir su m'écouter quand j'étais plus jeune, me comprendre quand je m'exprimais et me ressentir quand je ne te disais rien.

Merci pour l'exemple que tu as été quand tu donnais sans compter, quand tu préférais partager, alors que tu aurais pu t'offrir un château et te mettre dans un grand confort avec cet argent que tu avais gagné en travaillant dur. Tu as toujours pensé aux autres, à ceux qui avaient moins que toi.

Merci de m'avoir fait vivre des moments simples et authentiques qui me rendaient heureuse.

Merci pour tes mots réconfortants et précieux.

Merci de m'avoir imposé certaines règles de conduite.

Merci de nous avoir fait grandir en banlieue, là où nous nous sommes enrichies humainement et culturellement.

Merci d'être présent.

Merci pour l'éducation religieuse que tu as souhaité nous donner. Elle m'a permis d'avoir un repère et de ressentir un bien-être intérieur.

Merci d'avoir pensé à tout ce qui était bien pour moi.

Merci d'avoir su, au bon moment, me laisser décider de ce qui était bon pour moi.

Merci d'avoir aimé maman, de ne jamais vous être disputés devant nous.

Merci pour nos vacances passées au Maroc et les voyages en voiture.

Tu es un père dévoué, prêt à décrocher la lune pour nous rendre heureuses. Je n'ai manqué de rien.

Je sais que tu liras ce livre, que tu demanderas à maman où se trouvent tes lunettes, car sans elle tu es perdu.

Je sais que tu prendras le temps qu'il faudra pour le lire, que tu t'arrêteras sur certains mots sans les comprendre et que tu me demanderas de t'expliquer. Et puis tu reformuleras mes explications en commençant ta phrase par «c'est-à-dire…».

Tu es un papa formidable, aimant, le cœur sans cesse tourné vers les autres. J'ai beaucoup de chance.

J'espère que Dieu te laissera longtemps auprès de nous. Comme tu me l'as toujours dit, rien n'est définitif, même pas notre présence sur terre, alors profitons de la vie avant que la mort ne vienne frapper à notre porte. Créons des souvenirs, de beaux souvenirs, car c'est tout ce qui restera.

Un jour la vie nous séparera, c'est certain. En attendant, et tant qu'il en est encore temps, j'ai voulu t'écrire ces mots et te remercier.

Tu m'as montré qu'il fallait aller au bout de ses projets, c'est ce que je viens de faire et continuerai de faire.

Je suis très fière de t'avoir comme papa.

FIN

Dans le cœur de mon père

REMERCIEMENTS

Un grand merci à mon père d'avoir pris le temps de partager une partie de son histoire, des moments parfois humiliants et douloureux de sa vie.

Je remercie du fond du cœur Sonia Salhi, qui m'a merveilleusement bien accompagnée dans la réalisation de mon premier projet littéraire. Une belle rencontre. Merci à Barbara De Amorim pour sa bienveillance, son écoute. Elle a su polir mon roman tout en gardant ma plume. Merci à Hervé Colomb, qui m'a soutenue dans l'étape d'auto-édition. Travailler avec lui a été un véritable plaisir.

Je tiens à exprimer ma reconnaissance envers Abdellah Boudour, un ami précieux qui n'a cessé de me soutenir et m'encourager dans mon projet d'écriture.

Toute ma gratitude va à ces personnes qui ont été touchées par l'idée de rendre hommage à mon père et qui ont cru en moi. J'ai été marquée par leurs qualités humaines exceptionnelles.

« Tu es comme une pierre précieuse
dans un écrin. »
Mon père

Une vie simple

Dans le cœur de mon père